MADEIRA

PORTO SANTO

INSIDER-TIPP
Deine Abkürzung ins Erleben!

Reisen mit MARCO POLO Insider-Tipps

MARCO POLO TOP-HIGHLIGHTS

MERCADO DOS LAVRADORES ★1

Ein Schlaraffenland im Herzen Funchals mit exotischen Früchten, Bauerngemüse, Fisch, Korbwaren und Blumen.

📷 *Tipp: Wenn die Bauern den Innenhof freitags mit ihren Ernten füllen, schießt du vom Obergeschoss tolle Fotos.*

➤ S. 46, Funchal

JARDIM TROPICAL MONTE PALACE ★2

Kitschiger Märchenpark oder kunstvoller Tropengarten? Egal, der Schlossgarten von Monte ist einfach eine Wucht!

📷 *Tipp: Die Schwäne im See sind äußerst fotogen – sie posieren vor den Skulpturen und dem einstigen Palace Hotel.*

➤ S. 50, Funchal

KABINENSEILBAHN ★3

Mit der Seilbahn über die Dächer Funchals hinauf nach Monte schweben.

➤ S. 47, Funchal

FANAL ★4

Uralte Lorbeerbäume, saftige Wälder, grandiose Ausblicke und schöne Wanderpfade – das gibt's rund um das Forsthaus von Fanal.

📷 *Tipp: Der mystische Feenwald ist bei leichtem Nebel zwischen den jahrhundertealten Stinklorbeerbäumen ein tolles Motiv.*

➤ S. 78, Der Norden

PAÚL DA SERRA ★5

Eine Hochmoorlandschaft in rauem Klima wie in Schottland – vom Gipfelplateau in über 1000 m Höhe gibt's atemberaubende Ausblicke in die Täler.

➤ S. 69, Der Südwesten

LAVAPOOLS 6
Porto Moniz an der Nordwestküste hat die schönsten Naturpools aus Vulkangestein auf Madeira.
Tipp: Wenn die Wellen gegen die Felsen klatschen und die Gischt in die Pools spritzt, entstehen die spektakulärsten Fotos.

➤ S. 77, Der Norden

PONTA DE SÃO LOURENÇO 7
Ein Wanderweg führt über die faszinierende Landzunge im Osten.
Tipp: Nimm die in allen Rot- und Gelbtönen leuchtende Felslandschaft vom Miradouro Ponta do Rosto aus auf.

➤ S. 100, Der Osten

PRAIA DO PORTO SANTO 8
Porto Santos Südküste hat das, was Madeira fehlt: endlos golden schimmernden Sandstrand.

➤ S. 108, Porto Santo

PICO DO ARIEIRO, PICO RUIVO 9
Wanderung auf Madeiras höchste Gipfel mit grandiosem Blick in die Vulkanberglandschaft (Foto).
Tipp: Die „Stairways to Heaven" die Felsen hinauf nimmst du hinter der Pedra Rija auf.

➤ S. 84, Der Norden,
➤ S. 115, Erlebnistouren

FESTA DA FLOR 10
Mit einem fantasievollen Blütenkorso begrüßt Funchal alljährlich farbenfroh den Frühling.
Tipp: Die bunt geschmückten Wagen und Blumenkinder sind vor dem Umzug im Wartebereich der Gruppen toll zu fotografieren.

➤ S. 131, Feste & Events

INHALT

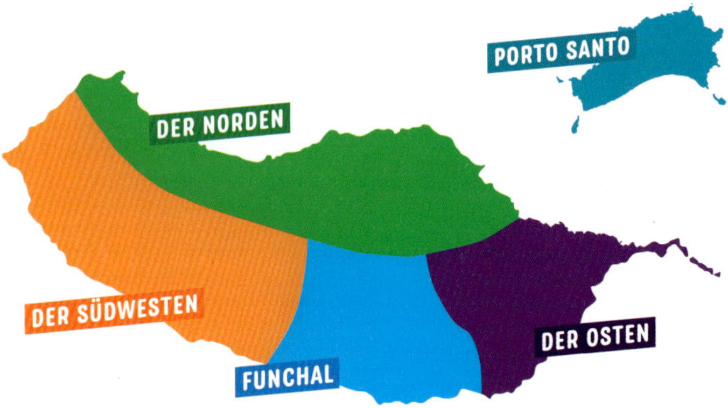

Besuch planen
€–€€€ Preiskategorien
(*) Kostenpflichtige Telefonnummer
Essen/Trinken
Shoppen
Ausgehen
Top-Strände

(A2) Herausnehmbare Faltkarte
(0) Außerhalb des Faltkartenausschnitts
Plan der Buslinien auf Madeira auf Faltplan

BESSER PLANEN MEHR ERLEBEN!

Digitale Extras
go.marcopolo.de/app/mdr

DAS BESTE ZUERST

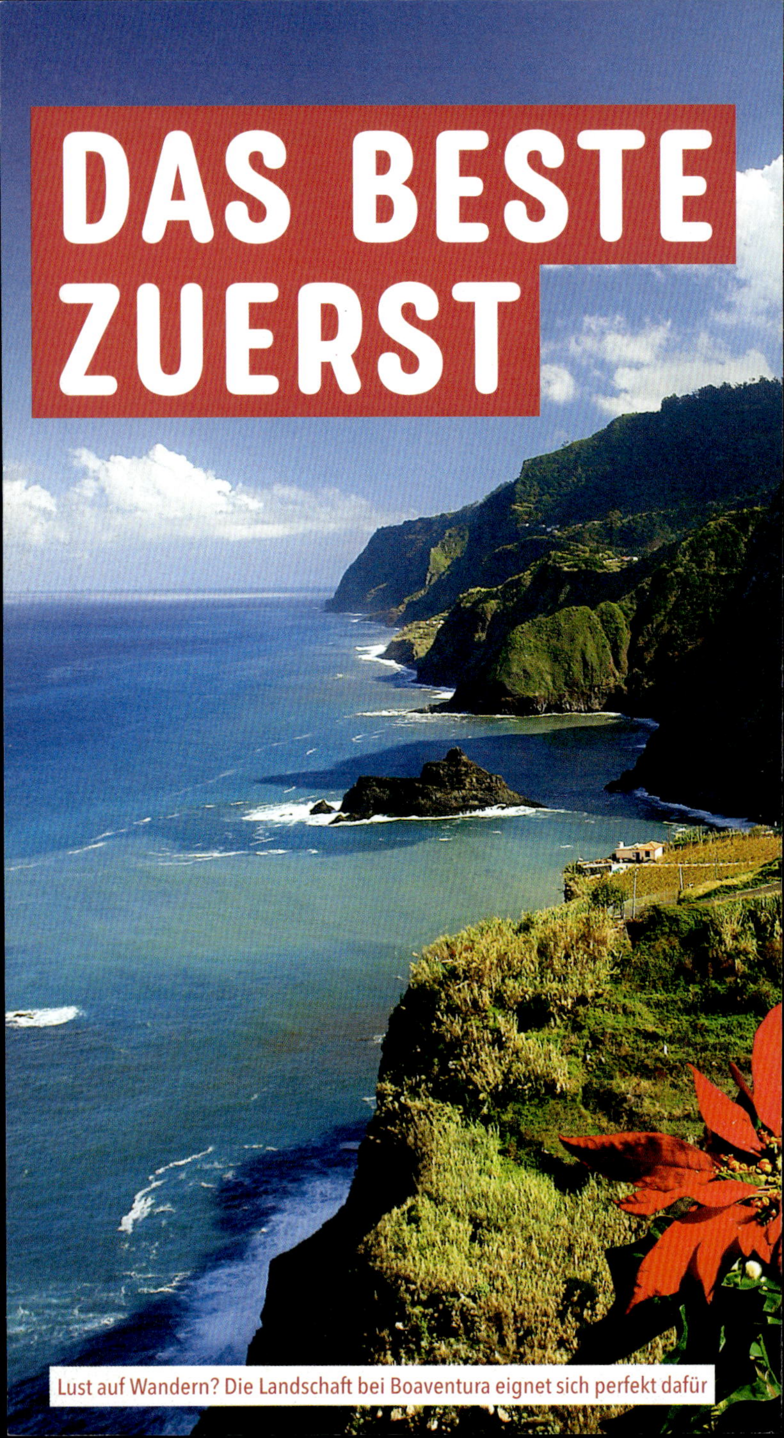

Lust auf Wandern? Die Landschaft bei Boaventura eignet sich perfekt dafür

BEST OF BEI REGEN

SCHÖN, AUCH WENN ES REGNET

AUF DEN SPUREN VON CR7
Nicht nur Fans des Weltfußballers Cristiano Ronaldo werden begeistert sein: Im *CR7-Museum* wird interaktiv die Lebens- und Erfolgsgeschichte des berühmtesten Sohns Funchals dargestellt.
➤ S. 43, Funchal

WUNDERSAME WELT DER WALE
Locker einen halben Regentag kannst du im hervorragend gestalteten *Museu da Baleia* von Caniçal verbringen und in spannenden Filmen vieles über Wale erfahren, z. B. warum und wie man früher Pottwale auf Madeira gefangen hat.
➤ S. 98, Der Osten

NASSE FISCHE, TROCKENE FÜSSE
Im *Aquário da Madeira* in Porto Moniz tummelt sich in verschiedenen Becken vor deinen Augen praktisch die gesamte Meeresfauna der Insel (Foto).
➤ S. 76, Der Norden

SHOPPEN WIE DIE INSULANER
Im größten Einkaufszentrum *Madeira Shopping* flaniert die Insel. Misch dich in den über 100 Geschäften, Kinos, Cafés und Restaurants in Funchal unter die Einheimischen.
➤ S. 53, Funchal

KUNST UND KULTUR IN CALHETA
Schon die kühne Architektur des Kunstzentrums *Mudas. Museu de Arte Contemporânea* wird dich begeistern. Dazu kommen Ausstellungen moderner Kunst, ein innovatives Kulturprogramm und das ausgezeichnete Caférestaurant.
➤ S. 66, Der Südwesten

IM TEEHAUS ZEIT VERTRÖDELN
Wenn der Atlantik Regen auf die Insel schaufelt, dann ist die *Loja do Chá* in Funchal der perfekte Hafen. In den gemütlichen Korbmöbeln des Teehauses genießt du Apfelkuchen oder Scones.
➤ S. 51, Funchal

BEST OF
LOW-BUDGET

FÜR DEN KLEINEN GELDBEUTEL

EIN PARK MIT AUSSICHT
Trotz der schön angelegten Wege, des kleinen Wildgeheges und der tollen Aussicht Richtung Ostspitze ist der Wald- und Wiesenpark *Quinta do Santo da Serra* in Santo da Serra kostenlos zu besichtigen.
➤ S.101, Der Osten

WOHNEN WIE IN GALLIEN
Rote Türen, grüne Fensterläden, blaue Umrahmungen und ein spitzes, bis auf den Erdboden gezogenes Strohdach: In den historischen Häuschen von *Santana* wird die Vergangenheit lebendig – ein Museumsevent ganz umsonst.
➤ S. 83, Der Norden

LASS DEN GELDBEUTEL STECKEN
Nutz die Chance auf kostenlose Bildung. Museen Funchals gewähren am 18. Mai (Weltmuseumstag) und am 27. Sept. (Welttourismustag) freien Eintritt. Und überhaupt ist in vielen Museen sonntags der Eintritt frei.
➤ S. 133, Gut zu wissen

EIN LICHT IN DER NACHT
Leuchttürme haben ihre ganz eigene Faszination. Der schönste seiner Art auf Madeira steht auf der Rocha da Vigia in *Ponta do Pargo,* stammt aus dem Jahr 1922 und lockt Besucher mit einer Gratis-Fotoausstellung über die leuchtenden Seezeichen auf der Insel.
➤ S. 70, Der Südwesten

SÜSSES AUS DEM ROHR
Einst machte das Zuckerrohr die Plantagenbesitzer reich. Heute sind nur noch wenige Zuckerrohrmühlen auf der Insel in Betrieb, die *Sociedade dos Engenhos da Calheta* betreibt eine davon. Du erlebst die Herstellung von Schnaps und Honig und kannst beides für wenig Geld probieren.
➤ S. 66, Der Südwesten

BEST OF MIT KINDERN

SPANNENDES FÜR GROSS & KLEIN

SPIELEND MADEIRA ERKUNDEN

Mal eben die halbe Inselgeschichte gelernt: Im *Madeira Story Centre* wird alles Wissenswerte über die Entstehung, Entdeckung und Besiedlung Madeiras spannend präsentiert.

➤ S. 48, Funchal

SEGEL SETZEN

Da bekommen nicht nur kleine Abenteurer große Augen: Auf der *Santa Maria de Colombo,* dem originalgetreuen Nachbau des Schiffs von Christoph Kolumbus, fühlst du dich schnell wie ein Entdecker – vielleicht ja von Delfinen?

➤ S. 53, Funchal

SPIELZEUG ANALOG

Womit die Kinder Madeiras früher gespielt haben, kannst du dir im *Museu do Brinquedo* anschauen. So mancher Erwachsene wird dabei wohl in Nostalgie verfallen.

➤ S. 48, Funchal

IM INNEREN DES VULKANS

Stolze 890 000 Jahre alt ist das System von faszinierenden Lavatunneln, durch das du in *São Vicente* geführt wirst. Im Informationszentrum geht's per Aufzug zum Mittelpunkt der Erde – und mit 3D-Film wieder zurück!

➤ S. 81, Der Norden

RUTSCHPARTY

Rutschbahnen, künstliche Wasserläufe für Schwimmbojen und Badepools – im *Aquaparque* von Santa Cruz kann sich die ganze Familie während der Sommerferien feucht-fröhlich austoben.

➤ S. 96, Der Osten

PER GEISTERBAHNFAHRT IN DIE GESCHICHTE

Im *Parque Temático da Madeira* in Santana geht's zum Trampolinspringen, Tretbootfahren und auf eine Geisterbahnfahrt mit den Inselentdeckern.

➤ S. 83, Der Norden

BEST OF

TYPISCH

DAS ERLEBST DU NUR HIER

JE ÄLTER, DESTO BESSER

Das gilt für das wertvollste Getränk der Insel: Madeirawein! Wie das flüssige Gold entsteht und wie es schmeckt, erfährst du bei einem Besuch der *Blandy's Wine Lodge* in Funchal.

➤ S. 31, Shoppen

ESPADA & ESPETADA

Madeiras Nationalgerichte sind wahre Gaumenfreuden – probier den berühmten Schwarzen Degenfisch im *Serra e Mar* in Santana. Saftiges Rindfleisch vom Spieß *(espetada)* genießt du im Lokal *Portela à Vista* in Portela.

➤ S. 83, 101Der Norden, Der Osten

AUS VULKANGESTEIN

Einige Meter entfernt donnert die Brandung an die schwarzen Felsen, während du in den natürlichen *Lavapools* in Porto Moniz ganz entspannt schwimmst.

➤ S. 77, Der Norden

RODELN OHNE SCHNEE

Schlitten fahren im Sommer: Die Kraft strammer Männermuskeln hält dich in den berühmten *Korbschlitten* auf der Straße von Monte hinab Richtung Funchal auf Spur.

➤ S. 50, Funchal

ENTLANG DER LEVADAS

Am Saum uralter Bewässerungsrinnen ins grüne Herz der Insel wandern, durch Eukalyptus- oder Lorbeerwälder, entlang schwindelerregender Schluchten oder über breite Waldwege – eine Tour an den Levadas wie die an der *Levada do Furado* ist unvergesslich.

➤ S. 94, Der Osten

SCHÖN GRÜN

Im *Jardim Botânico* von Funchal geben mehr als 2500 tropische und subtropische Gewächse ihre üppige Visitenkarte auf der Insel des ewigen Frühlings in allen Grüntönen ab (Foto).

➤ S. 48, Funchal

SO TICKT MADEIRA

Nervenkitzel gefällig? Dann ab zur Korbschlittenfahrt in Monte, Funchal

ENTDECKE MADEIRA

Schmucklilien blicken auf Machico

Blumeninsel, Perle des Atlantiks, Insel des ewigen Frühlings – was lässt man sich für Madeira nicht alles einfallen! Eines ist sicher: Ein Urlaub reicht gar nicht aus, um die irre Vielfalt an Landschaften und Wanderwegen und die tolle Mischung aus Kultur, Action, Kulinarik und Natur auszuschöpfen. Nicht zu vergessen die vielen Blumen …

BERGE UND SO VIEL MEER

Madeira hat viel mehr zu bieten als Blumenbeete (obwohl die tollen Parks und Gärten sehr schön sind!): Die Insel ist ein Paradies für alle, die das Meer und die Berge lieben, die gerne durch pittoreske Ortschaften schlendern und sich auf rauschenden Festen unters Volk mischen. Die wandern, golfen, Drachen fliegen, surfen, tauchen, klettern, Canyoning- oder Mountainbiking-Touren machen wol-

1419/20 Portugiesische Seefahrer entdecken Porto Santo und Madeira

ab 1423 Erste Besiedlung, jahrelange Brandrodung und Beginn des Zuckerrohr- und Weinanbaus

1703 Mit dem Methuen-Vertrag gerät der Weinhandel in englische Hände

1860/61 u. 1893/94 Sisi lebt einige Monate auf Madeira, viele Prominente werden ihr folgen

1960/64 Die Flughäfen auf Porto Santo und Madeira werden eröffnet

len. Nach dem Sport lockt immer ein Sprung ins kühle Nass des Atlantik – über Kieselstrände oder schwarzen Sand, in natürlichen Lavapools oder an goldgelben Sandstränden (aufgeschüttet mit Sand aus Marokko). „Echten" kilometerlangen Sandstrand bietet dagegen die Schwesterinsel Porto Santo. Dass Madeira keine Balearenstrände hat, ist ein Vorteil. Hier begegnen dir vor allem Urlauber, die wegen der Naturschönheiten der Insel, wegen der freundlichen Inselbewohner und wegen des guten Essens kommen und nicht wegen des Sangrias. Doch wer glaubt, in Funchal wäre „nichts los", der soll mal am Abend durch die Altstadt ziehen – die Madeirer wissen nämlich ganz genau, wie man ordentlich feiert.

UND DER EWIGE FRÜHLING?

Nun ja, ganz so einfach ist es mit dem wohl nicht. Inzwischen sind die Sommer ziemlich heiß und trocken (der Klimawandel lässt grüßen – die Waldbrände leider auch). Im Winter ist es aber meistens angenehm mild, du kannst durchaus Glück haben und viele Tage mit Temperaturen um die 15 bis 20 Grad und Sonnenschein erleben. Doch irgendwann muss es auch mal regnen, sonst wäre die Perle im Atlantik ja nicht grün. Das kann dir im Herbst, Winter und Frühling leider auch jederzeit passieren. Nimm's gelassen! Erstens braucht die Insel den Niederschlag, sonst fändest du in der Markthalle nicht all die bunten Früchte, und in den Gärten gäbe es wohl nur Kakteen … Und zweitens: Wenn es auf einer Seite der Insel schüttet und windet, kann es auf der anderen Seite

1974 Die Nelkenrevolution beendet die Diktatur; Madeira wird 2 Jahre später zur Autonomieregion

1986 Portugal tritt der EU bei, zahlreiche Förderprojekte beginnen

2015 Miguel Albuquerque löst den seit 1978 regierenden Inselpräsidenten Alberto João Jardim ab

2016 Waldbrände zerstören Teile Funchals

2023 Seit dem Abflauen der Coronapandemie boomt der Tourismus wieder durchaus schön sein! Die nassen Passatwolken regnen sich eben gerne an der Nordseite des Inselgebirges ab, gleichzeitig kann es auf der Südseite oder in tieferen Gefilden schönstes Wetter geben. Die saftige Natur, vor allem im Norden der Insel, kommt also nicht von ungefähr. Der Lorbeerwald Madeiras ist etwas derart Besonderes, dass die Unesco ihn 1999 zum Welterbe erklärte. Diese einzigartige sogenannte Laurisilva bedeckt noch etwa 20 Prozent der Insel und ist ein Relikt der Lorbeerwaldvegetation, die es vor den Eiszeiten auch in Mitteleuropa gab.

WANDERUNGEN AM WASSERLAUF

Schon die ersten Siedler, die im 15. Jh. auf die Insel kamen, begriffen schnell, wie die Höhenunterschiede und die Ausrichtung nach Nord oder Süd die Landwirtschaft und vor allem die Bewässerungsmöglichkeiten beeinflussten. Sie schlugen abenteuerliche Wasserläufe in den Fels, um das wertvolle Regen- und Quellwasser von A nach B zu transportieren, und leiteten das Wasser aus den höheren Lagen und von der Nordseite durch künstliche Kanäle zu den Zuckerrohrplantagen und Terrassenfeldern im sonnigen, häufig zu trockenen Süden – das System der Levadas war geboren! Und so entpuppt sich Madeira heutzutage als großartige Wanderinsel. Denn mit den Wartungspfaden entstand ein weitverzweigtes Netz von Wegen, die nicht nur Levada-Arbeiter, sondern auch begeisterte Wandertouristen tief hinein ins grüne Herz der Insel mit seinen wilden Schluchten und Jahrmillionen alten Gesteinsformationen führen. Nach jeder Biegung blickt man auf ein neues, atemberaubendes Panorama.

GEGENSÄTZE ZIEHEN AN

Dank der neuen Straßenverbindungen erreichst du inzwischen schnell die verschiedenen Ecken der Insel. Und du erkennst: Madeira ist ein Archipel voller Gegensätze und Überraschungen. Trockene Hänge und ein endloser Sandstrand auf Porto Santo, unbewohnte Felsplateaus auf den Ilhas Desertas. Die Hauptinsel ist an vielen Stellen mit zahlreichen EU-Geldern zubetoniert. Du siehst eine massiv bebaute Südseite, aber auch riesige Naturpark-Areale im Inselinneren und eine in vielen Teilen noch ursprüngliche Nordseite. Funchal gilt als sauberste Stadt Portugals, alle Dörfer und Städte der Insel putzen sich permanent heraus: Nirgendwo im Land gibt es so gepflegte Vorgärten und Stadtparks. Du erlebst starke Regenschauer – doch kurz danach scheint die Sonne wieder vom wolkenlosen Himmel. Du wanderst über eine trockene Landzunge, am nächsten Tag durch saftige Lorbeerwälder und am übernächsten durch dekadent blühende Gärten. Lass dich beeindrucken von der Naturpracht des Archipels, von seinen herzlichen Bewohnern und ihren leckeren Rezepten. Und nicht vergessen: Wenn dir das Wetter nicht passt, versuch es einfach noch mal auf der anderen Seite der Insel.

INSIDER-TIPP
Irgendwo hier ist immer Frühling

AUF EINEN BLICK

251000
Einwohner

Aachen: 249 000

850 KM

Entfernung zum portugiesischen Festland

150 km
Küstenlänge (nur Madeira)

Festland dt. Nordseeküste: 200 km

800 km²
Fläche

Berlin: 892 km²

HÖCHSTER GIPFEL: PICO RUIVO

1.862 M

HÖCHSTTEMPERATUR

AUGUST 26 °C

WASSERTEMPERATUR DES ATLANTIK IM JANUAR

18 °C

Sylt: 4 °C

REICHWEITE DES LEUCHTTURMS VON PONTA DO PARGO:
28 Seemeilen (52 km)
gleiche Reichweite wie der Leuchtturm auf Helgoland, der leistungsstärkste der Deutschen Bucht

LEVADA

Das Netz der Levadas umfasst 2500 km

RONALDOS GOLDENE BÄLLE:
Jahr: 2008, 2013, 2014, 2016, 2017

ALKOHOLGEHALT IM MADEIRAWEIN:
17–22 %

MADEIRA VERSTEHEN

BLÜTENTRÄUME

So manche Besucher steigen aus dem Flugzeug und erwarten auf der „Blumeninsel" Blütenteppiche, so weit das Auge reicht, möglichst von Januar bis Dezember ... Lass dich dann nicht enttäuschen, ganz so ist es nämlich nicht, vor allem an der massiv bebauten Südküste. Doch mit etwas Bewässerung wächst in den liebevoll gepflegten Vorgärten und Parkanlagen so einiges, was sich in subtropischen und gemäßigten Klimazonen finden lässt. Es blüht nicht alles auf einmal, doch irgendeine Knospe ist immer offen, auch im Winter! Etwa 800 verschiedene heimische und mehr als 500 eingeführte Pflanzenarten gibt es auf der Insel, die seit den 1980er-Jahren sogar zu zwei Dritteln als Naturpark ausgewiesen ist.

Auf den Terrassenfeldern siehst du Wein und Bananen, Kartoffeln und Bohnen und ebenso eine Fülle exotischer Früchte. Aloe-Pflanzen, Hortensien und Lilien in allen Formen und Farben säumen fast ganzjährig die kurvigen Straßen, in den Bergen duften im Frühsommer wilde Kräuter. Absolutes Highlight für Blütenfreunde ist auf jeden Fall das alljährliche *Blumenfest* im Mai, wenn beim großen Umzug bunt geschmückte Wagen und Blumenmädchen durch Funchal ziehen und üppige Blütenteppiche unter den lila blühenden Jakarandabäumen ausgebreitet sind.

FESTLAND-PORTUGIESEN

Man hat es manchmal nicht leicht auf einer Insel. Die Madeirer fühlen sich hin und wieder etwas abgelegen oder verlassen, auch heute noch, fast ein halbes Jahrhundert nach der Diktatur Salazars. Während dieser Zeit, also zwischen den 1930er-Jahren und der Nelkenrevolution 1974 wurde Madeira politisch und wirtschaftlich ziemlich links liegen gelassen. Aber auch im 21. Jh. gibt es Einschränkungen: einkaufen im schwedischen Möbelhaus? Nur auf dem Festland. Auftritte großer Rockstars? Im 1000 km entfernten Lissabon. Auch wenn es inzwischen Low-Cost-Flüge und Ticketvergünstigungen für Inselbewohner gibt und man nur 22 statt 23 Prozent Mehrwertsteuer zahlt – oft ist da ein latentes Gefühl der Benachteiligung. Vielleicht ist es auch die Tatsache, dass man sich auf dem Festland über den Inseldialekt amüsiert oder dass die Zentralregierung in Lissabon die Entscheidungen des Inselparlaments kontrolliert – obwohl der Archipel doch seit 1976 den Sonderstatus einer Autonomieregion hat, mit einem eigenen, selbst gewählten Präsidenten. Es ist abzuwarten, was die Zukunft bringt und ob sich – vielleicht auch dank des Tourismus – Festland- und Inselportugiesen wieder grüner werden.

FEIERWÜTIG

Kaum ein Wochenende, an dem du nicht auf irgendeine Prozession oder ein Erntedankfest für dieses Gemüse oder jenes Obst triffst! Vom Kastanienfest übers Weinfest bis hin zum Fest für die Banane, die Kirsche oder die Zitrone – irgendeinen Grund zum Feiern finden die Madeirer immer. Und dann die ganzen Kapellen- und Patronatsfeste! Es ist ja auch sonst nicht so viel los auf der Insel, da ist so ein Straßen- und Dorffest durchaus eine gute Abwechslung. Meistens gibt es dann Stände mit saftigen Fleischspießen, Auftritte von Folkloregruppen – und wenn du zum Beispiel aufs Zwiebelfest gerätst, musst du dir natürlich auch die fantastische Zwiebelausstellung der Bauern anschauen!

WANDSCHMUCK

Kaum eine Kirche, in der sie nicht zu sehen sind: Azulejos – Portugals Keramikfliesen gehören auch auf Madeira zur Bautradition. Die ältesten stammen aus dem 17. Jh., doch das Handwerk ist viel älter: Es wurde einst von den Mauren eingeführt – *al-zulij* bedeutet „kleiner Stein". Die Fliesen sind weit mehr als einfach nur hübsche Dekoration: die häufig in Blau-Weiß, manchmal auch ganz farbenfroh bemalten Azulejos eignen sich hervorragend als Hitze- und Witterungsschutz an den Mauern.

MADEIRA-BRITS

Um ein Haar wäre Madeira eine britische Insel geworden. Doch dann bevorzugten die Engländer Tanger und Bombay als Mitgift, als König Charles II. 1660 Prinzessin Catarina von Bragança ehelichte. Doch auch so sind die Engländer auf Madeira äußerst präsent (und das nicht nur in Form von Urlaubern): Sie sind es, die seit Jahrhunderten den größten Einfluss im Weinbau ausüben und noch immer fast die gesamte Madeirawein-Produktion in Händen halten. Und wer hat die madeirische Weißstickerei und die Korbflechterei international berühmt gemacht? Dazu noch die größte Tageszeitung, viele Reiseagenturen und Hotels – den Engländern scheint heute die halbe Insel zu gehören.

Kirchenfeste wie hier in Ribeira Brava sind Höhepunkte im Alltag

VERZIERUNGEN

Wer schon mal in Portugal war, hat vom König Manuel I. gehört, dem

„Glücklichen", denn in seiner Regierungszeit (1495–1521) erlebte Portugal dank der erfolgreichen Entdeckungs- und Eroberungsfahrten Vasco da Gamas und anderer Seefahrer die Hochphase seines Weltruhms und Wohlstands. Madeira war zu diesem Zeitpunkt schon seit ein paar Jahrzehnten entdeckt, hier wurde nun fleißig gebaut. Manuel ließ mit den Reichtümern, die er durch die Vorherrschaft auf See einnahm, überall im Land prachtvolle Klöster, Kirchen, Türme und Paläste bauen, die mit filigranen maritimen Ornamenten verziert wurden.

Auch auf Madeira sieht man noch heute Kirchen und Kapellen, die mit den typischen Symbolen der Manuelinik, dieser spätgotischen Dekorationstechnik, verziert sind: Steinerne Schiffstaue, Algen und Korallen ranken sich an Portalen hoch, Balustraden sind mit den achtspitzigen Kreuzen der Christusritter geschmückt, und immer wieder taucht Manuels Lieblingssymbol auf: die sogenannte Armillarsphäre, das unter Heinrich dem Seefahrer berühmt gewordene Navigationsinstrument.

WASSER-LAUF

Manche führen mitten durch Ortschaften (sogar durch Funchal) und entlang an Weinhängen und kultivierten Terrassenfeldern, andere durch tiefe Täler und dichten Lorbeerwald oder durch schmale Tunnel. An manchen kannst du entspannt nebeneinander plaudernd spazieren, an anderen musst du höllisch aufpassen, dass du an den schmalen und ausgesetzten Stellen

Alles im Fluss an Madeiras Levadas, wie hier in Rabaçal

nicht stürzt – manchmal geht es tief hinunter. Die Rede ist von den fantastischen Levadas, Madeiras großem Stolz! Schon kurz nach der Entdeckung der Insel schufen Sklaven im 15. Jh. die ersten dieser künstlichen Wasserläufe, um das Wasser ferner Quellen auf die Zuckerrohrplantagen zu leiten. Im 20. Jh. entstand der Großteil des heute etwa 2500 km umfassenden Netzes. Mit einigen Levadas wird in angeschlossenen Wasserkraftwerken sogar Strom gewonnen.

VERSENKT

Warmes, sauberes und türkisblaues Wasser und ein Meeresschutzgebiet rund um die vorgelagerten Felsinseln – keine Frage, Porto Santo eignet sich hervorragend zum Tauchen. Doch es gibt darüber hinaus zwei Schiffe dort zu erkunden! Die „Madeirense", ein Passagierschiff von 1961, wurde im Jahr 2000 versenkt. Korallen und Fische haben sich inzwischen in diesem künstlichen Riff in 30 m Tiefe eingenistet. Seit 2016 ist die Korvette „General Pereira D`Eça" hinzugekommen, die jahrzehntelang der portugiesischen Marine diente. Das „Schiffeversenken" muss gut vorbereitet werden, damit das Schiff in der richtigen Position liegt, keine schädlichen Materialien das Meer vergiften und Taucher das Wrack gefahrlos erkunden können. Weil das so gut ankam, hat Madeira inzwischen ebenfalls ein ausgedientes Marineschiff versenkt – die „Corveta Afonso Cerqueira" liegt vorm Cabo Girão und wurde von unzähligen Fischen in kür-

INSIDER-TIPP
Ab zu den Wracks

KLISCHEE KISTE

RONALDO-INSEL

Gelandet auf dem Aeroporto Cristiano Ronaldo, Selfies geschossen mit der lustigen Büste vor dem Terminal und mit der gut bestückten Statue vorm CR7-Museum, vielleicht sogar abgestiegen im CR7-Hotel? Als Nächstes wird die Insel wohl nach ihm umbenannt … Und in jedem zweiten Gespräch, das du mit Einheimischen führst, geht es um ihn. Wie halten die Madeirer diesen Mann aus? Die Insel ist nun mal die Heimat des mehrmaligen Weltfußballers, der hier für jedes Tor inbrünstig geliebt wird. Auf ihren Goldjungen lassen sie nichts kommen!

NUR BLUMENFETISCHISTEN?

Madeira – die legendäre Blumeninsel. Hier soll es grünen und blühen, so weit das Auge reicht. Aber halt! Die Südküste ist doch ziemlich zubetoniert, all die Straßen, Städte, Häuser … Wo sind bloß die Blumen? Die blühen in den öffentlichen und privaten Parkanlagen und entlang der Avenidas und Panoramastraßen. Und natürlich in den wundervollen Gärten und Vorgärten, denn die Inselbewohner sind große Blumenfans, die sich inbrünstig um die Pflanzen kümmern. Und wenn sie keinen Garten haben, stellen sie Blumentöpfe auf die Straße vor ihren Haustüren.

zester Zeit zur neuen Lieblingswohnung erklärt. Dass hier bis vor einigen Jahren noch Marinesoldaten arbeiteten, lässt sich bestens erkennen.

LANDSCHAFTSOASEN

In vielen besonderen Hanglagen Madeiras sieht man Quintas: altehrwürdige Herrenhäuser und Landsitze, die vor allem im 18. und 19. Jh. entstanden. Damals erlebte der Weinhandel seine Blütezeit, und viele britische Kaufleute ließen sich auf Madeira nieder – den Engländern machte es wohl nichts aus, dass es in Monte, Santo da Serra oder anderen „schicken" Gefilden häufig feucht und klamm war. Sie beauftragten Architekten aus aller Welt, um die neuesten Stiltrends umzusetzen, und ließen Landschaftsoasen mit exotischer Vegetation rund um die repräsentativen Bauten anlegen. Heute kann man einige dieser fantastischen Parkanlagen besichtigen, viele Quintas werden inzwischen als Hotels genutzt. Zur insularen Bauwut, die lange durch EU-Gelder geschürt wurde, bildet dieses exquisite architektonische Erbe einen tollen Kontrast – und vielleicht nächtigst ja auch du lieber in einer restaurierten Quinta mit romantischem Garten als in einem Betonkasten am Meer!

AUSWANDERN

Da hat man sich jahrelang abgerackert, um Ertrag aus seinen Weinpflanzungen zu bekommen – und dann vernichtet der Mehltau oder die Reblaus die ganze Existenz. Würde da nicht jeder gern das Weite suchen und irgendwo neu anfangen wollen? So erging es im 19. Jh. zahlreichen Madeirern, die durch diese Plagen ihre Weinernten verloren und versuchten, in Südamerika, Südafrika, England oder auf den Kanalinseln Fuß zu fassen. Das Phänomen der Aus- und Rückwanderung kennt Madeira seit den Anfängen seiner Besiedlung (die ja auch eine „Auswanderung" der Portugiesen aus den armen Regionen des Festlands auf die Insel darstellte) – immer wieder sorgten Naturkatastrophen, Wirtschaftskrisen oder veränderte Arbeitsbedingungen dafür, dass sich Inselbewohner auf den Weg ins Ungewisse machten.

Heute leben auf dem Archipel etwa 250 000 Menschen. Es gibt aber insgesamt etwa eine Million Madeirer, die direkt oder indirekt von der Insel stammen. Manche Auswanderer kommen nach einiger Zeit zurück, nicht selten bauen sie sich mit dem im Ausland verdienten Geld ein kleines Geschäft auf (mit Vorliebe ein Café). Wenn in den Dörfern ein aufwendiger Neubau direkt neben einem bescheidenen Haus steht, ist das in der Regel ein eindeutiges Zeichen für einen zurückgekehrten Emigranten, der neben das Elternhaus gezogen ist.

WEINSELIG

Ein typisches madeirisches Getränk ist ganz klar der gute Madeirawein, der es bei uns in so manche Bratensauce schafft. Dieser etwa 20-prozentige Likörwein entsteht, wenn durch die Zugabe von Weinbrand die Fermentierung des Mosts gestoppt wird, also möglichst viel Fruchtzucker erhalten bleibt. Der Rest des Geheimnisses liegt in der jahrelangen Lagerung auf warmen Dachböden (das sogenannte Canteiro-Verfahren), oder in der Erwärmung der Rebflüssigkeit in Stahltanks (Estufagem-Methode). Die jeweilige Herstellungsweise erkennt man am Preis und am Geschmack: Für einen 15 Jahre im Eichenfass gereiften Tropfen aus einer der Edeltraubensorten Sercial (trocken), Verdelho (halbtrocken), Boal (halbsüß) oder Malvasia (süß) zahlt man mindestens 30 Euro, einen aus der Einheitstraube Tinta Negra Mole im Edelstahlbehälter gezauberten Madeira bekommt man für 5 Euro.

TIERISCH

Die Fauna Madeiras ist bescheiden, nur wenigen Tieren gelangten aus eigener Kraft auf den Archipel, genau genommen nur Fledermäuse, Insekten und Vögel. Ein paar Mauereidechsen haben es auch geschafft – und sich kräftig vermehrt, wie man heute auf den sonnigen Mäuerchen überall auf der Insel beobachten kann. An den Picknickplätzen lauert zudem oft schon der Madeira-Buchfink auf die Krümel, eine von etwa 200 Vogelarten Madeiras. Vielfältiger ist die Meeresfauna – angefangen vom Schwarzen Degenfisch bis hin zu Thun- und Tintenfisch. Auch Wale und Delfine sieht man mitunter, und sogar die bedrohten Mönchsrobben sind zurückgekehrt. Das Gros der Nutztiere – alle von Menschen auf die Insel gebracht – bekommt man selten zu Gesicht: Schweine bleiben im Stall, Kühe und Ziegen halten die Bauern meist in den traditionellen spitzdachigen Hütten.

Der Madeira-Buchfink weiß, was gut ist: Er liebt die Lorbeerwälder

ESSEN SHOPPEN SPORT

Ein Fest für die Sinne – der Mercado dos Lavradores in Funchal

€25,00
MAÇÃ FUJI
KIWI
2,85
LARANJA

ESSEN & TRINKEN

Rustikal und üppig – in der Küche Madeiras dominiert nach wie vor Bodenständiges aus Fisch und Fleisch, alles andere ist in den Augen der Einheimischen doch gar keine richtige Mahlzeit!

ES GEHT GUT LOS

Kaum hingesetzt, stellt euch der Kellner einen Brotkorb mit *Bolo do Caco* hin, ein warmes, duftendes Weizenmehlbrot mit Knoblauchbutter. Das sogenannte Couvert (Gedeck) besteht auf Madeira meist aus einer Variante dieses Traditionsbrots. Manchmal gibt's auch Oliven, Käse, Schinken oder Garnelen. Eigentlich muss der Kellner fragen, ob ihr das alles wirklich wollt (denn wer´s behält, muss es auch bezahlen!), doch manche tischen munter und ungefragt auf. Wenn ihr diese Vor-Vorspeisen nicht möchtet, lasst ihr sie einfach mit einem Lächeln zurückgehen.

GUT ODER VIEL ODER BEIDES?

In der bäuerlichen Traditionsküche der Insel ist „gut" ein Synonym für „viel". Die schmackhaften bodenständigen Spezialitäten wie zum Beispiel Weizen- oder Wasserkressesuppe *(sopa de trigo, sopa de agriões)*, gekochtes Zicklein *(cabrito)* oder *carne vinho e alhos* findet man vor allem in den dörflichen Restaurants und Tascas. Die Köche in den Touristenhotels und -lokalen setzen auf internationalen Standard, in den Gourmetrestaurants dominieren Französisches, Fernöstliches oder Cross-over-Küche, allerdings sind die servierten Köstlichkeiten in den Gourmettempeln vor allem bunt und kunstvoll, aber nicht unbedingt tellerfüllend.

SPIESS & DEGEN

Die Säulen der (vor allem an Urlauber gerichteten) Inselküche bilden *espada* und *espetada* – Degenfisch und

Gaumenfreuden: Espetada, Sonhos, Avocado (li), Teller mit Lapas, Napfschnecken (re.)

Rindfleischspieß. Beliebt als Hauptmahlzeit ist zudem frischer Thunfisch *(atum)*, oft serviert in einer kräftigen Zwiebeltunke. Häufig stehen frischer Schwertfisch *(espadarte)*, Zackenbarsch *(garoupa)* oder verschiedene Brassenarten auf der Speisekarte. In fast allen Restaurants findet man Napfschnecken *(lapas)*. Frische Bergforellen *(trutas)* bieten eine köstliche Abwechslung zum Meeresfisch. Sie werden in Ribeiro Frio gezüchtet.

WAS MADEIRER MÖGEN

Dem recht teuren Fisch ziehen Madeirer gern *frango* und *bife* vor – Huhn und Beefsteak. Bei Festen brutzeln meist Dutzende Hähnchen auf Grillrosten. Leider kommen die Hühner fast alle aus Geflügelfarmen. Ihr Beefsteak verzehren die Einheimischen häufig in Form eines Sandwiches. Das Fleisch wird im großen Stil importiert – ebenso wie Schweinefleisch.

Mit Vegetariern (oder gar Veganern) kann man in Portugal immer noch nicht so viel anfangen, doch die modernen Chefs erkennen den Trend der Zeit und bieten einige tierfreie Gerichte an. In Funchal findest du auch ein paar rein vegetarische Restaurants (Liste unter: *happycow.net*).

BEILAGEN-POTPOURRI

Bei den Beilagen steht allerorten die Kartoffel, in Form von Pommes oder gekocht, auf Platz eins. Man findet auf der Speisekarte häufig *milho frito*, eine mit Kräutern gewürzte, in Würfel geschnittene Maispolenta, auch die in der Schale gebackenen Süßkartoffeln *(batata doce)* sind beliebt. Zur Gattung der Yamswurzeln gehört *inhame*. Beim Gemüse dominieren Karotten und Bohnen aus den Inselgärten; manchmal bietet ein Wirt die im Familienkreis oft servierte *pimpinela* (Chayote) an.

E PARA BEBER? (WAS MÖCHTEST DU TRINKEN?)

Madeira stellt ein richtig gutes Bier her. „Coral" heißt die Marke, die auch auf dem Festland viele Fans hat. Möchtest du ein frisch gezapftes, or-

Was Süßes geht immer: Bolo de mel

derst du ein *imperial*, mit Limonade gemischt ist's ein *shandy*. Heimische Tafelweine, wie sie engagierte Winzer seit etwa zehn Jahren keltern, werden noch selten getrunken, eher schon die Tropfen vom portugiesischen Festland. Auf Festen indes spielt einheimischer Wein – im Volksmund scherzhaft *café de setembro*, Septemberkaffee, genannt – eine wichtige Rolle. Sein Geschmack ist erdig bis sauer, weswegen sogar die Einheimischen ihn oft mit Limonade mischen. In Santo da Serra und Camacha hat eine andere Mixtur Tradition: *cidra*, Apfelmost, angereichert mit Zucker oder Honig. Poncha trinken die Madeirer gerne auch schon vor dem Essen als Aperitif, süßen Madeirawein bestellen manche zum Dessert. Ein typisch nicht-alkoholisches Getränk ist die „Brisa": Die fruchtige Limo gibt's in verschiedenen Geschmacksrichtungen, mit Abstand am besten schmeckt sie mit Maracujageschmack.

INSIDER-TIPP
Passionsblumenlimo aus Leidenschaft

SÜSSE VERSUCHUNGEN

Quer sobremesa? Die Frage, ob's ein Nachtisch sein soll, fehlt niemals und wird gern mit ja beantwortet, denn für etwas Süßes ist immer Platz. Zur Wahl stehen hausgemachte Kuchen *(bolos)*, Maracujapudding, Flan oder frische Früchte.

KAFFEE & TEE ZUM VERDAUEN

Nach dem Essen bestellen Madeirer unbedingt einen Kaffee. Klein und schwarz ist er eine *bica* (Espresso), mit Milch aufgehellt ein *garoto*. Die große Variante dieses Milchkaffees heißt *chinesa*. Eher an einen Latte Macchiato erinnert der im Glas servierte *galão*. Aus Zitronenschale und heißem Wasser brüht man auf der Insel einen *chá de limão*. Sowohl ihn als auch den Kaffee gibt es *pingado* – mit einem Schuss Alkohol (meist Whisky).

A CONTA, SE FAZ FAVOR!

Bei der Rechnung gilt: „Einer für alle". Getrenntes Zahlen ist unüblich, geteilt wird im Nachhinein oder man revanchiert sich beim nächsten Restaurantbesuch. Möchtet ihr dennoch getrennt zahlen, teilt dies dem Kellner beim Bestellen der Rechnung mit dem Satz *„A conta em separado, se faz favor"* mit.

Unsere Empfehlung heute

Vorspeisen

BOLO DO CACO
Warmes Brot aus Weizenmehl mit zerflossener Knoblauchbutter

SOPA DE TOMATE
Sämige Tomatensuppe mit einem pochierten Ei

LAPAS GRELHADAS
Gegrillte Napfschnecken mit Knoblauchbutter und Zitronensaft

CASTANHETAS
Sardellenartige kleine Fische, gebraten und angerichtet in Knoblauchöl

Hauptgerichte

PEIXE ESPADA COM BANANA
Schwarzer Degenfisch, als paniertes Filet mit Banane

ESPETADA REGIONAL
Rindfleischspieße, in grobem Lorbeersalz gewendet, vom Grill

ARROZ DE MARISCO
Eintopf aus Reis, Fisch und Meeresfrüchten

BIFE DE ATUM COM MILHO FRITO
Thunfischsteak mit gebratener Polenta

CARNE DE VINHO E ALHOS
In Wein, Essig und Knoblauch mariniertes Schweinefleisch

Desserts & Kuchen

PUDIM DE MARACUJÁ
Cremiger Maracujapudding aus heimischer Passionsfrucht

BOLO DE MEL
Dunkler Gewürzkuchen aus Zuckerrohrsirup

TARTE DE MAÇÃ
Apfeltarte

Getränke

VINHO DA MADEIRA
Madeirawein, trocken als Aperitif oder süß als Dessertwein

CERVEJA CORAL
Bier, gebraut bei Câmara de Lobos

PONCHA
Minicocktail aus Zuckerrohrschnaps, Honig und frisch gepresstem Orangen- und Zitronensaft

CAFÉ/BICA
Kleiner starker Kaffee

SHOPPEN & STÖBERN

LECKERE SOUVENIRS

Am besten sind ja immer die verzehrbaren Mitbringsel. Neben dem Madeirawein (s. u.) bietet sich zum Beispiel Blütenhonig an und dazu ein Fläschchen Zuckerrohrschnaps, um zu Hause die leckere Poncha nachzumixen (Achtung, die Fertig-Ponchas schmecken sehr künstlich!). Den würzigen Bolo de mel (Honigkuchen aus Zuckerrohrsirup) kannst du auch noch zum nächsten Weihnachtsfest anbieten.

BUNTES VON DER BLUMENINSEL

Strelitzien, Proteas, Orchideen sowie zahlreiche andere exotische Pflanzen werden auf der Blumeninsel von mehreren Gärtnereien gezüchtet und können direkt dort (auch in Flugzeugboxen) gekauft bzw. geordert werden. Blumenzwiebeln, wie beispielsweise Agapanthus, gibt es in großer Auswahl in Funchals Markthalle.

AB INS KÖRBCHEN

Ein neuer Korbsessel für deinen Wintergarten ist vielleicht etwas sperrig (aber der Transport nicht unmöglich, das gute Stück würde dir nämlich sogar zugeschickt), aber so ein hübsches Brotkörbchen aus dem Souvenirshop oder direkt aus einer Korbflechterwerkstatt in Camacha ist doch ebenfalls ein prima Mitbringsel!

FILIGRANE AUSSTEUER

Politische Regenten schätzen sie ebenso wie Modezaren: die echten Madeira-Stickereien *(bordados)*. Eine britische Lady sorgte dafür, dass das traditionelle Handwerk der Fischerfrauen verfeinert wurde und fast zur Industrie erblühte. Beim Kauf deiner neuen Sonntagstafel-Tischdecke (oder, je nach Budget, auch deines neuen Trockentuchs) solltest du daher auf das Gütesiegel des I. V.B.A. M. *(Instituto do Vinho, do Bordado e do Artesanato da*

Immer wieder köstlich: Madeirawein (li). Immer wieder bunt: Mützenstickerei (re.)

Madeira) achten, das von echter Qualität zeugt.

JE ÄLTER DAS TRÖPFCHEN, DESTO BESSER

Beim Erwerb von Madeirawein lautet die Faustregel: Fünf Jahre Reifezeit sind das Minimum für Qualität. Eine gute, alte Flasche kostet dann schon mal so viel wie ein Abendessen. Aber sie hält sich, selbst angebrochen, Monate und sogar Jahre. In ⚑ *Blandy's Wine Lodge (Av. Arriaga 28 | Funchal | blandyswinelodge.com)* kannst du dich über alle Schritte der Produktion des Madeiraweins informieren und die Weine aus verschiedenen Rebsorten und in diversen Süßegraden auch probieren und vergleichen. Bring Zeit dafür mit.

MACH DICH SCHÖN

Wie wär's mit einem Duft von der Insel, der im kalten heimischen Winter frühlingsfrisch daherkommt? Inzwischen gibt es eine gute Auswahl an eigenen Madeiraparfüms, vor allem aus Orchideen und Strelitzien. Schöne Haut und Haare macht die Naturkosmetik aus der Aloe-Vera-Pflanze. Einmal im Jahr blüht die Echte Aloe kräftig gelb, dreimal im Jahr können die Bauern der Insel drei der dicken Blätter „ernten". Anschließend werden sie pulverisiert und zu Kosmetika weiterverarbeitet. Die Aloe-Pflanze ist ein echter Allrounder und gibt alles Mögliche her: Shampoos, Spülungen und tolle Cremes, die du sogar zur Linderung von Sonnenbrand, Muskelzerrungen oder Arthritis einsetzen kannst. Du findest sie in gut sortierten Souvenirgeschäften, manchen Supermärkten, Apotheken und Reformhäusern.

INSIDER-TIPP
Wehe dem Wehweh

SPORT

Mit seinen Levadas und Gipfelpfaden ist Madeira ein facettenreiches Wanderparadies. Doch auch wenn du etwas mehr Action suchst oder eine ausgesprochene Wasserratte bist, wirst du fündig: Längst gibt es eine breite Palette an Outdoor-Aktivitäten.

WANDERN

Das beste Mittel, Madeira wirklich zu erkunden, sind die eigenen Füße – z. B. bei einer Levada- oder Bergwanderung. Die Touren sollten umsichtig geplant werden. Denk an mögliche Wetterumschwünge (plötzlicher Nebel, Regen, Temperaturstürze). Taschenlampe nicht vergessen! In manchen Tunneln steht oft ganzjährig Wasser, viele sind unbeleuchtet. Immer mehr Wanderwege werden mit Wegmarkierungen, Geländern und Handseilen versehen, sodass inzwischen auch einige der einst schwierigen Wanderungen mit vielen ausgesetzten Stellen sicherer zu gehen sind. Da Start- und Endpunkte mitunter weit auseinanderliegen, ist die Verabredung mit einem Taxifahrer am Ziel der Wanderung eine zuverlässige Rückkehrmöglichkeit.

Organisierte Wanderungen auf Madeira bieten z. B. *Christa Dornfeld-Bretterbauer (Rua Dom Francisco Santana 48 | Caniço de Baixo | Mobiltel. 915693204 | madeirawandern.com)* oder *Madeira Explorers (Centro Comercial Monumental Lido | Funchal | Tel. 291763701 | Mobiltel. 962797887 | madeira-levada-walks.com)*.

Wem „Wandern" zu langweilig ist, der geht eben „Trekken" oder gleich „Trail-Running" auf einem der inzwischen zahlreichen Ultra-Trail-Wettkämpfen, bei denen man zig Kilometer kreuz und quer durch das Gebirge rennt. Der größte seiner Art ist der

Der Trendsport Canyonig hat auch auf Madeira viele Anhänger

MIUT Ende April *(Madeira Island Ultra Trail, miutmadeira.com)*, bei dem die Athleten bis zu 115 (!) km bergauf, bergab einmal über die Insel flitzen. Da bekommt man dann schon vom Zuschauen müde Beine – lohnenswert ist es allemal, vor allem der Zieleinlauf in Machico.

CANYONING

Wandern für Fortgeschrittene: mit Neoprenanzug, Helm und Sicherungsseilen hangelst du dich voran und springst nach einer entsprechenden Vorbereitung Schluchten und Wasserfälle hinunter. Bei diesem Naturabenteuer gibt es mehr als nur einen Adrenalinkick – aber auch viel Spaß. Verschiedene Veranstalter bieten Canyoning in den tiefen Tälern der Insel an, z. B. *Madeira Adventure Kingdom (Mobiltel. 968 10 18 70 | madeira-adventure-kingdom.com)* und *Madeira Outdoor (Mobiltel. 966 23 02 12 | madeiraoutdoor.com)*.

MOUNTAINBIKEN

Steile Anstiege, rasante Abfahrten, einsame Berg- und Waldpfade – Madeira hat Bikern einiges zu bieten. Leihräder (Mountainbike oder Rennrad) und organisierte Touren (65 Euro/Tag) gibt es u. a. bei *Rainer Waschkewitz (Fourviews Oasis Hotel | Caniço de Baixo | Mobiltel. 917 24 44 46 | madeira-bergziegen.de)*.

Auch die Enduro-Bike-Szene hat Madeiras Levadas und Bergpfade inzwischen entdeckt, sehr zum Leidwesen der Wanderer und Naturschützer. Wer schmale, steile Wege mag und sie gerne hinabrasen möchte (möglichst ohne die Küste hinunterzustürzen oder Wanderer und Pflanzen umzumähen), der ist bei den Jungs von *Freeride (Rua Simplício Passos de Gouveia 21 | Funchal | Mobiltel.*

9 25 97 70 46 | freeridemadeira.com) richtig. Sie helfen in Form von geführten Tagestrips (inkl. Bikeverleih 130 Euro) oder reinen Bike Holidays weiter.

Auf Porto Santo ist das Rad- und Mountainbikefahren übrigens verhältnismäßig einfach, die nicht so steilen und hohen Berge und die kaum befahrenen Haupt- und Nebenstraßen sind angenehm zu befahren. Hier kannst du dir z. B. bei *Auto Acessorios Colombo (Av. Viera de Castro 64 | Vila Baleira | Tel. 2 91 98 44 38 | aacolombo.com)* Räder und E-Bikes ausleihen (ab 10 bzw. 27 Euro/Tag).

SURFEN

Die Wellen vor der Südwestküste Madeiras sind eine Herausforderung für Wellenreiter. In Jardim do Mar und Paúl do Mar gehen wirklich nur die Surfer ins Wasser, die genau wissen, was sie tun. Wer das Surfen erst noch lernen möchte, kann in der *Calhau Surf School (Mobiltel. 9 26 18 98 94 | madeiracalhausurfschool.com)* oder im *Madeira Surf Camp (Mobiltel. 9 62 90 31 18 | madeirasurfcamp.com)* Stunden nehmen. Beide Surfschulen sind in Porto da Cruz angesiedelt, hier rollen mit Abstand die besten Anfängerwellen rein – und das vor grandioser Adlerfels-Kulisse. Wer keinen Kurs mehr braucht, kann sich hier auch Boards und Wetsuits ausleihen und auf eigene Faust in die Wellen gehen. Bodyboarder sind bei *MadSea (Mobiltel. 9 66 10 70 10 | madsea.pt)* bestens aufgehoben.

INSIDER-TIPP
Bester Wellenspaß-Start

STAND-UP-PADDELN

Anfänger paddeln vor allem an der Südwestküste, da hier die Gewässer in der Regel ruhiger sind. Für Profis, die sich mit dem SUP-Board in die Wellen stürzen möchten, suchen die Veranstalter den geeigneten Spot an der Nordküste. Kurse und Material findet man z. B. bei *Around Freedom (Mobiltel. 9 61 87 49 93 | aroundfreedom.pt)* oder bei *Madeira SUP Tours (Mobiltel. 9 15 79 08 50, madeirasuptours.com)*

SEGEL- & BOOTSTOUREN

Einen Bootsausflug auf einem Segelboot kannst du auch ohne Segelschein machen, sowohl entlang der Küste als auch zu den Ilhas Desertas. Auf einigen Trips besteht die Möglichkeit, Wale und Delfine zu beobachten, z. B. mit der *Bonita da Madeira (Stand in der Marina von Funchal | Tel. 2 91 76 22 18 | bonita-da-madeira.com)*: Auf dem Zweimaster – einer 20 m langen Holzkaravelle von 1996 –, auf dem bis zu 50 Passagiere Platz finden, geht es donnerstags und sonntags zur Wal- und Delfinbeobachtung auf den Atlantik, mittwochs und samstags auf einen großen Segeltörn zu den Ilhas Desertas und dienstags und freitags zu einer Tour durch die schönsten Buchten Madeiras.

TAUCHEN

Eine Menge exotischer Fischarten tummelt sich in den oft glasklaren Gewässern und lässt Taucherherzen höherschlagen – ebenso wie bizarre unterseeische Lavaformationen und

Unverzichtbar, um auf Madeira unvergessliche Ausblicke zu genießen: gutes Schuhwerk

Höhlen. Die Tauchbasen liegen an der Süd- bzw. Südostküste und auf Porto Santo. Viele stehen unter deutscher oder deutschsprachiger Leitung. Besonders artenreich sind die Gewässer im Unterwassernationalpark Garajau, der 1986 durch die Initiative von deutschen Tauchbasen vor Ort zum Schutz der Meeresfauna eingerichtet wurde. In allen Tauchbasen kannst du neben normalen Tauchgängen (ab 28 Euro/ohne Leihausrüstung) auch Schnuppergänge oder Kurse buchen.

INSIDER-TIPP
Mit Zackenbarsch auf Du und Du

Wenn du schon etwas Taucherfahrung hast, werden dich die Schiffswracks begeistern: Vor Porto Santo liegen zwei, und auch Madeira hat vorm Cabo Girão ein ausgedientes Marineschiff liegen, das als künstliches Riff einen spannenden Tauchplatz bietet. Infos z. B. bei: *Manta Diving (im Galoresort-Hotel | Rua Robert Baden-Powell | Caniço de Baixo | Tel. 291935588 | mantadiving.com); Madeira Divepoint (im Hotel Carlton | Largo António Nobre | Funchal | Tel. 291239579 | madeiradivepoint.com).*

PARAGLIDING

Lauf, lauf, lauf – bis die Kante zu Ende ist, und du fliegst! Bis zu einer halben Stunde kann der Flug über die Südwestküste dauern, wenn die Thermik passt. Der erfahrene Paraglider Hartmut Peters nimmt dich im Tandemflug mit. Bei gutem Wetter wird ab etwa 12 Uhr mittags bis zum Sonnenuntergang geflogen, Startpunkt ist die Airbase in Arco da Calheta *(Rua da Achada de Santo Antão 212 | Mobiltel. 964133907 | madeira-paragliding.com).*

DIE REGIONEN IM ÜBERBLICK

PORTO SANTO S. 102
Camacha
Vila Baleira
Hier ist endlich Sand in Sicht – aalen, was das Zeug hält
Grüne Wälder und tiefe Täler – ab in die Natur
Santana
Faial
Ribeira Seca
DER OSTEN S. 88
Machico
Santa Cruz
Camacha
Rib. Santa Luzia
FUNCHAL
Kleine Strände und eine spektakuläre Felszunge gibt's zu entdecken

FUNCHAL

VORHANG AUF FÜR DIE STEILE SCHÖNE!

Eine Reihe hübscher Kirchen, viele kleine Häuser, einige herrschaftliche Quintas und etliche Hotels – sie alle haben Platz genommen auf den Rängen dieser sichelförmigen Bucht, natürlich alle mit bestem Blick aufs Meer, und scheinen nur darauf zu warten, dass das Spektakel beginnt.

Dabei müsste es umgekehrt sein: Funchal selbst ist die Show – und sie ist schon in vollem Gange! In der Inselhauptstadt ist immer was los, und zwar nicht nur im Ausgehviertel der Altstadt. Ständig wird

Tropischer Garten Monte Palace, Funchal

irgendetwas gefeiert, sei es das Jahresende (ab November!), das Blumenfest (den Frühling über) oder die Musik-, Atlantik- und Weinfestivals in den Sommermonaten. Nichts ist schöner als ein Feuerwerk über den Rängen dieser Bucht, in der schon lange kein Fenchel (*Funcho* = „viel Fenchel") mehr wächst, weil über 100 000 Menschen einen Platz auf den Rängen ergattern wollten. Also eine vertikale Betonwüste? Von wegen! Funchal ist steil, aber schön: Die Straßen sind sauber, die Vorgärten gepflegt und die Parks ein Traum.

FUNCHAL
Rua 31 de Janeiro
Rua 5 de Outubro
Beco do Paiol
Bairro dos Moinhos
Beco do Soca
Calçada do Pico
Estrada de São João
Rua do Pico de São João
Rua dos Frias
15 Fortaleza do Pico de São João
14 Quinta das Cruzes
Madeira Shopping
Convento de Santa Clara 13
Casa Museu Frederico de Freitas 12
Via 25 de Abril
Museu de História Natural 11
Museu de Fotografia da Madeira – Atelier Vicente`s 10
Arcadas São Francisco
Rua das Maravilhas
Mercadinho Bio
Avenida Arriaga 5
Mercearia Dona Mécia
Madeira Film Experience 4
Avenida Luís de Camões
Rua do Jasmineiro
Rua dos Ilhéus
Rua Tenente Coronel Sarmento
Avenida do Infante
Quinta Magnólia
Casino da Madeira
1 Parque de Santa Catarina & Quinta Vigia
2 Museu CR7
Vespas
Avenida Sá Carneiro
Rua Carvalho Araújo
Hole in One
Doca do Cavacas
Molhe da Pontinha
Afternoon Tea im Reid's Palace
Reid´s Palace
Fajã dos Padres, Praia Formosa,
Poças do Gomes, Lido
OCEANO
ATLÂNTICO

Bahía de Funchal

MARCO POLO HIGHLIGHTS

★ **MERCADO DOS LAVRADORES**
Verführung für Augen, Nase und Gaumen in der Markthalle ➤ S. 46

★ **ARTE DE PORTAS ABERTAS**
In den Altstadtgassen im Ausgehviertel von Funchals gibt's bunte Türen zu bestaunen ➤ S. 47

★ **KABINENSEILBAHN**
Mit der Seilbahn über die Dächer Funchals nach Monte schweben ➤ S. 47

★ **AFTERNOON TEA IM REID'S PALACE**
Bei Scones und Cakes auf der legendären Terrasse des altehrwürdigen Luxushotels ➤ S. 51

★ **JARDIM TROPICAL MONTE PALACE**
Traumhafte Kunst- und Parklandschaft mit Märchenbuchatmosphäre ➤ S. 50

★ **PALHEIRO-GÄRTEN**
Bunt blühender Landschaftsgarten mit englischem Touch ➤ S. 48

200 m
219 yd

In Funchal *(🕮 K–M 7–8)* **kannst du flanieren, was das Zeug hält: über die Uferpromenade, unter den Jakarandabäumen der Avenida Arriaga, durch die bunten Gassen der Altstadt oder durch die prächtigen Stadtgärten.** Den historischen Stadtkern und das herausgeputzte Fischerviertel *(Zona Velha)* lassen sich gut zu Fuß erkunden, in die etwas außerhalb der Innenstadt gelegenen Parks und Gärten fahren Linienbusse und Seilbahnen. Du kannst kommentierte Sightseeing-Touren (ab 1½ Std., auch auf Deutsch) mit dem doppelstöckigen Open-Air-Bus *(Yellowbus | ab 17 Euro | Hop-on-hop-off-Ticket 24 Std. gültig | Startpunkt: Avenida do Mar, oberhalb des Yachthafens | yellow bustours.com)* buchen. Um Funchal ausführlich zu erkunden, brauchst du mindestens zwei Tage!

SIGHTSEEING

1 PARQUE DE SANTA CATARINA & QUINTA VIGIA

Exotische Bäume, bunte Beete, eine barocke Kapelle aus dem 15. Jh. und tolle Aussichten über das Hafenbecken – im *Katharinenpark* kannst du wunderbar spazieren, mit den Kids den Spielplatz erobern oder dich von den jungen Liebespaaren inspirieren lassen. Am oberen Ende des lang gestreckten Parks schimmert verheißungsvoll das roséfarbene Gemäuer der *Quinta Vigia* durch die dichte Pflanzenpracht. Das historische Herrenhaus aus dem 17. Jh. dient heute dem Präsidenten der Regionalregierung als Amtssitz und Gästehaus. Den zur Quinta gehörenden Park *(Mo–Fr | Eintritt*

INSIDER-TIPP
Tropenpracht de luxe

Den Nachmittag auf der Avenida Arriaga verschlendern

1 Euro) mit den Volieren musst du besichtigen. Etwas weiter Richtung Hotelzone erinnert eine bronzene Sisi-Statue daran, dass die österreichische Kaiserin Elisabeth 1860/61 dort logierte, wo sich jetzt das von Oscar Niemeyer entworfene Kasino befindet.

WOHIN ZUERST?

Altstadt: Am westlichen Rand der *Zona Velha* befinden sich das Parkhaus Almirante Reis *(Rua Dom Carlos I.)*, der zentrale Busbahnhof und die Talstation der Seilbahn. Von hier aus sind es nur wenige Schritte zur Markthalle *(Mercado dos Lavradores)*, in die schmalen Gassen der Altstadt oder zur São-Tiago-Festung. Auch in Richtung Innenstadt und Marina kommst du in ein paar Minuten.

2 MUSEU CR7

Eingefleischte Ronaldo-Fans pilgern nach Madeira, um die Heimat des berühmtesten Fußballers Portugals kennenzulernen. Doch auch für Skeptiker oder heimliche Bewunderer lohnt sich ein Besuch des Museums. Eindrucksvoll wird die Lebens- und Erfolgsgeschichte Ronaldos präsentiert, sogar seine „Goldenen Bälle" sind neben unzähligen weiteren Trophäen zu bestaunen. *Mo–Fr 10–17 Uhr | Eintritt 5 Euro | Av. Sá Carneiro/Praça do Mar 27 | museucr7.com | 1½ Std.*

3 AVENIDA DO MAR

Die Uferfront Funchals hat in den letzten Jahren mehrmals ihr Gesicht verändert: 2010 spülten schwere Unwetter mehr als einen Quadratkilometer Geröll ins Meer, bis 2016 entstanden aus dem „Neuland" eine neue Kreuzfahrtanlegestelle und die Parkanlage *Praça do Povo*. Parallel zur Verkehrsader, an der sich auch zahlreiche Bushaltestellen befinden, kannst du heute wunderbar am Wasser entlangschlendern, in einem der Cafés Leute beobachten oder den Kreuzfahrtriesen beim Ablegen zuschauen. Auf der anderen Straßenseite erhebt sich die *Fortaleza de São Lourenço*, die heute zur Regierung gehört. Das Inselparlament tagt nebenan im halbrunden Anbau des alten Zollamts, der *Alfândega Velha*.

4 MADEIRA FILM EXPERIENCE

Eine kleine Kinovorführung gefällig? In nur einer halben Stunde erfährst du in diesem aufwendig produzierten Dokumentationsfilm alles Wissenswerte über die Geschichte der Insel – dank Kopfhörern sogar auf Deutsch. *Vorführungen tgl. alle 45 Min. zw. 10.15 u. 17 Uhr | Eintritt 5 Euro, Kinder bis 12 Jahre frei | Marina Shopping loja 223 | Rua Conselheiro José Silvestre | madeirafilmexperience.com*

5 AVENIDA ARRIAGA

Zwischen der *Praça do Infante*, über der mit stoischer Ruhe Heinrich der Seefahrer wacht, und der Kathedrale wandelst du im späten Frühling unter dem lilafarbenen Baldachin der Jakarandabäume. Du passierst das Anfang des 20. Jhs. erbaute neoklassizistische Stadttheater *Teatro Municipal*

Baltazar Dias und das legendäre *Ritz Café (theritzmadeira.com)* aus dem Jahr 1905, das an seiner eleganten Fassade blau-weiße Azulejogeschichten von der Insel erzählt. Gegenüber erstreckt sich der tropisch anmutende *Jardim Municipal* mit seinen duftenden Frangipani und einem beeindruckenden Leberwurstbaum. Einst befand sich hier der Garten des Franziskanerklosters, in dessen Gemäuern du heute den berühmten Madeirawein der Weinhändlerfamilie Blandy probieren und kaufen kannst: *Blandy's Wine Lodge (deutschsprachige Führungen Mo–Fr 10.45, 14.45, 15.45, Sa 10.45 Uhr | 45-Minuten-Führung mit Weinprobe 11 Euro | Av. Arriaga 28 | blandyswinelodge.com).*

6 KATHEDRALE (SÉ)

Man muss sich nicht jede Kirche anschauen, die im Auftrag König Manuels I. zwischen 1485 und 1514 erbaute Hauptkirche Funchals aber auf jeden Fall! Schon von außen macht sie trotz ihrer Schlichtheit ziemlich was her: Den schönsten Blick auf die manuelinische Tuffsteinbalustrade mit den schraubenartig gedrechselten Türmchen und auf den mit Azulejos geschmückten Kirchturm hat man in der Rua da Sé, von vorne glänzt die Kirche mit ihrem majestätischen Portal im gotischen Stil. Das Highlight wartet im Inneren: Eine solche im perfekten Mudejár-Stil geschnitzte und mit Elfenbeinintarsien verzierte Holzdecke aus dem 16. Jh. gibt's in ganz Portugal nicht noch einmal. *Besichtigungen tgl 9–11 u. 16–17.30 Uhr | Eintritt frei | Largo da Sé*

7 PRAÇA COLOMBO

Was der Kolumbusplatz mit dem berühmten Seefahrer zu tun hat? Nur wenig, denn Kolumbus war wohl nur ein paar Tage hier, um in der „Zuckerstadt" Geschäfte zu machen. Im 15. und 16. Jh. löste das weiße Gold auf Madeira einen wahren Boom aus, deshalb siehst du heute im Stadtwappen, das als Mosaik in die Mitte des hübsch renovierten Platzes gepflastert wurde, fünf Zuckerhüte. Einen Einblick in die Geschichte des Zuckerhandels gibt das Zuckermuseum *Museu Cidade do Açucar (Sa/So geschl. | Eintritt frei | Praça de Colombo 5)*: An dieser Stelle stand einst das palastartige Wohnhaus des flämischen Zuckerhändlers João Esmeraldo, gezeigt werden Grabungsfunde wie zum Beispiel Keramikformen für Zuckerhüte.

8 MUSEU DE ARTE SACRA

Im Museum für sakrale Kunst im ehemaligen Bischofspalast kannst du eine einzigartige Sammlung flämischer Gemälde bewundern, die im 16. Jh. nach Madeira gelangte, als sich die Zuckerbarone ihre kostbare Ware mit Kunstwerken bezahlen ließen. *Sa nachm., Mo–Fr 10–17.30, Sa bis 13.30 Uhr | Eintritt 7 Euro | Rua do Bispo 21 | masf.pt*

9 PRAÇA DO MUNICÍPIO

Wenn du auf dem schwarz-weiß gepflasterten Rathausplatz stehst, siehst du drei der wichtigsten historischen Gebäude Funchals: Richtung Süden erhebt sich der Bischofspalast, heute *Museum* für sakrale Kunst. An

Ruheraum im Freien: Innenhof des Rathauses in Funchal

der Stirnseite steht die ehemalige Stadtresidenz der Grafen von Carvalhal. Das *Rathaus* ist hier in dem Barockpalast mit seinem prachtvollen Azulejo-geschmückten Innenhof untergebracht. Die Nordseite des Platzes dominiert das frühere Jesuitenkolleg, heute die *Universität Madeiras*, mit der beeindruckenden *Igreja do Colégio*. Studenten der Uni führen dich auf *Quick Tours (Mo–Fr 10–16 Uhr)* durch die geschichtsträchtigen Gebäude (auch auf Deutsch). Melde dich in ihrem Lädchen *Gaudeamos* (in dem du übrigens auch tolle Souvenirs findest!) in der Rua dos Ferreiros. Die Tour ist umsonst, aber man freut sich über Spenden, die in Sozialprojekte der Studentenvereinigung fließen.

INSIDER-TIPP
Schnell durch die Uni

10 MUSEU DE FOTOGRAFIA DA MADEIRA – ATELIER VICENTE'S

Hier dreht sich alles um die Fotografie – dabei lädt schon der fotogene Patio des 1865 von Vicente Gomes da Silva gegründeten ersten Fotostudios Portugals zu wunderschönen Motiven ein. Beim Rundgang erfährst du viel über diesen, aber auch über andere emsige Fotografen, ihre teils illustren Kunden und ihre Gerätschaften. Das Studio war bis in die 1970er-Jahre in Betrieb, heute ist es mit seinen Bildern des alten Madeira ein wahrer Nostalgieschatz. *Di–Sa 10–13 u. 14–17 Uhr | Eintritt 3 Euro | Rua da Carreira 43 | Facebook: @mfmvicentes*

11 MUSEU DE HISTÓRIA NATURAL

Funchals Stadtmuseum ist noch von der alten Schule, man könnte es wohl auch angestaubt nennen. Doch für den, der sich ein bisschen mit der Tier- und Pflanzenwelt Madeiras beschäftigen möchte, ist es gar nicht schlecht. Und die Aquarien geben einen kleinen und für Kinder sehr spannenden Einblick in die Meereswelt des Archipels. *Di–Sa 10–18 Uhr | Eintritt Erw. 3,98, Kinder (10–17 J.) 1,99 Euro | Rua da Mouraria 31 | ⏲ 1½ Std.*

12 CASA MUSEU FREDERICO DE FREITAS

Was für eine Lektion in Sachen „Schöner Wohnen"! Die Villa aus dem 17. Jh. beherbergt wertvolle Möbel, alte Azulejos, religiöse und chinesische Kunst. Auch sammelte ihr früherer Besitzer gezeichnete und gemalte Ansichten seiner Heimat Madeira. *Di–Sa 10–17.30 Uhr | Eintritt 3 Euro | Calçada de Santa Clara 7 | casamuseuff.blogspot.com*

13 CONVENTO DE SANTA CLARA

Um das vor Kunstschätzen nur so strotzende Kloster zu besuchen, musst du klingeln und warten, dass eine der Ordensschwestern dir öffnet. Inzwischen gibt es hier keine Klarissinnen mehr so wie im späten 15. Jh. Dir wird eine der freundlichen Franziskanerschwestern öffnen, deren Wohnstätte das Kloster seit 1896 ist und die einen Kindergarten in den alten Gemäuern betreiben. Sie zeigt dir die besonderen Altäre und Kapellen, den Kreuzgang und das Innere der Kirche, dessen Wände ganz mit Azulejos aus dem frühen 17. Jh. bedeckt sind. Hier befinden sich auch die Grabstätten der beiden Töchter des Inselentdeckers João Zarco sowie vermutlich die von Zarco selbst. *Zum Recherchezeitpunkt wg. Renovierung geschl. | Calçada de Santa Clara 15*

14 QUINTA DAS CRUZES

Angeblich hatte bereits João Zarco hier eine Residenz. Das heutige Herrenhaus stammt allerdings aus dem 18. Jh. Das Museum zeigt, in welchem Stil die reichen Bürger Madeiras einst lebten. Umgeben ist die Quinta von einem archäologischen Park, in dem neben exotischen Pflanzen und manuelinischen Fenstereinfassungen das Fragment des ehemaligen Schandpfahls *(pelourinho)* der Stadt zu bewundern ist. *Di–Sa 10–17.30 Uhr | Eintritt 3 Euro, Garten frei | Calçada do Pico 1 | mqc.madeira.gov.pt*

15 FORTALEZA DO PICO DE SÃO JOÃO

Der schweißtreibende Aufstieg zum 111 m hohen Pico dos Frias, auf dem sich seit Anfang des 17. Jhs. die unter spanischer Herrschaft erbaute Burg erhebt, wird belohnt. So eine fotogene Festung mit solchen genialen Aussichten über die Stadt! In den historischen, aber kaum besuchten Gemäuern verbirgt sich zudem eine kleine Ausstellung zur Festungsgeschichte. *Mo–Fr 10–17 Uhr, Rua do Castelo*

16 MERCADO DOS LAVRADORES ★

Die 1940 im Art-déco-Stil gebaute Markthalle ist ein Festival für die Sinne! Es duftet nach Blumen und Obst (außer in der Fischhalle ...), die bunten Fruchtstände und die angsteinflößenden Degenfische bitten geradezu

Frischevielfalt ohne Ende: Obst und Gemüse satt auf dem Mercado dos Lavradores

darum, fotografiert zu werden. Mancher Obsthändler ist emsig bemüht, dich zunächst (nicht selten heimlich gezuckerte) Maracujas oder andere Exoten probieren zu lassen, um dir dann die teuren Früchte zu verkaufen. Freitags wird es voll im Innenhof, wenn die Bauern ihr frisches Gemüse anbieten. Wer dem Rummel entfliehen möchte: Auf der Dachterrasse über der Fischhalle gibt's ein Café mit gemütlichen Korbmöbeln. *Mo–Fr 7–19, Sa 7–14 Uhr | Rua Latino Coelho*

17 SANTA-MARIA-VIERTEL (ZONA VELHA)

Funchals Altstadt wird dich entzücken: Das halb verfallene Fischerviertel hat sich in den vergangenen Jahren zu einem angesagten Ausgehviertel mit Kneipen, Restaurants und Fado-Lokalen gemausert. Ein Hingucker sind die bunt bemalten Türen ★ Arte de Portas Abertas des Viertels, die dank des Kunstprojekts *artE de pORtas abERtas (arteportasabertas.com)* von lokalen Künstlern eindrucksvoll gestaltet wurden. Wenn du mit der ★ *Kabinenseilbahn Teleféricos da Madeira (tgl. 9–17.45 Uhr | 12,50 bzw. 18 Euro Hin- und Rückfahrt | madeiracablecar.com)* über die Dächer hinauf nach Monte schwebst, siehst du aber auch, dass ein paar der aus dem 18. und 19. Jh. stammenden Gebäude auf ihre Restaurierung warten. Trotz aller Sanierungen weht noch ein Hauch des ursprünglichen Geistes durch die Gassen: Neben neuen Trendboutiquen findest du urige Tante-Emma-Läden und traditionelle Handwerksbetriebe. In der Mitte des Viertels steht die *Capela do Corpo Santo*, eine von Fischern erbaute Bruderschaftskapelle aus manuelinischer Zeit, am Ostrand der Altstadt solltest du einen Blick auf die

stilreine Barockfassade der *Igreja do Socorro* aus dem 18. Jh. werfen. Gegenüber führt ein Aufzug hinunter zur Meeresbadeanlage *Barreirinha.*
Das markanteste Gebäude der Zona Velha ist das gelb getünchte *Forte de São Tiago*, das ab 1614 zur Piratenabwehr gebaut wurde und jetzt zum Archäologiemuseum Madeiras ausgebaut wird. Apropos: Wenn du dich für die Geschichte der Insel interessierst (vor allem, wenn du mit Kindern unterwegs bist!), solltest du im interaktiven *Madeira Story Centre (tgl. 9–19 Uhr | Eintritt Erw. 5, Kinder 3 Euro | Rua D. Carlos I. 27 | madeirastorycentre.com | 1½ Std.)* auf Zeitreise gehen – von der vulkanischen Entstehung bis zu den wichtigsten historischen Ereignissen des Archipels kannst du so einiges erleben.

INSIDER-TIPP
Geschichtsstunde von ganz oben

Vom Dachterrassenrestaurant hast du eine tolle Aussicht über die Altstadt!
Im Elektrizitätsmuseum *Casa da Luz (Di–Sa 10–12.30 u. 14–18 Uhr | Eintritt Erw. 2,70, Kinder ab 12 J. 1,35 Euro | Rua Casa da Luz 2 | museucasadaluz.pt | 1 Std.)* im alten Wärmekraftwerk können Kinder selbst Strom erzeugen. Und im *Museu do Brinquedo (Mo–Sa 10–18 Uhr | Eintritt Erw. 5, Kinder 3 Euro | Rua Latino Coelho 39 | Facebook: museudobrinquedo | 1 Std.)* schwelgt auch der Erwachsene beim Anblick der über 20 000 Spielzeuge – in Nostalgie.

18 MUSEU DO BORDADO

Von wegen bieder! Im Stickereimuseum, das Teil des staatlichen Instituts für Wein, Stickerei und Kunsthandwerk (I.V.B.A.M.) ist, sieht man, wie stilvoll die wertvollen Handarbeiten aus dem 19. Jh. und der Jugendstilzeit waren. Auch große Wandteppiche und Gobelins werden präsentiert. *Zum Recherchezeitpunkt wg. Renovierung geschl. | Rua Visconde de Anadia 44 | Facebook: bordado madeiraembroidery*

19 JARDIM BOTÂNICO

Irgendetwas blüht immer im botanischen Garten, den emsigen Gärtnern und dem guten Klima sei Dank! Beim Streifzug durch die verschiedenen Abteilungen des rund 3 km vom Stadtzentrum entfernten Areals bekommst du einen tollen Eindruck von den tropischen, subtropischen und einheimischen Pflanzen, die auf Madeira gedeihen. Das rund 8 ha große Gelände der *Quinta do Bom Sucesso* („Zum guten Erfolg") gehörte im späten 19. Jh. der Hotelfamilie Reid, in dieser Zeit wurden die ersten Bäume gepflanzt. Das alte Herrenhaus beherbergt heute eine rührend altmodische Naturkunde-Ausstellung. Versteckt im üppigen Grün wartet nahe dem *Miradouro* eine *Caféterrasse* auf dich. Am nördlichen Rand des Parks liegt die Talstation der über die Schlucht Ribeira de João Gomes nach Monte führenden *Seilbahn (tgl. 9–17 Uhr | 9,25 Euro, hin u. zurück 14 Euro | telefericojardimbotanico.com). Jardim Botânico: tgl. 9–18 Uhr | Eintritt 6 Euro | Caminho do Meio |* 2 Std.

20 PALHEIRO-GÄRTEN ★

Very british! 9 km östlich des Zentrums erstreckt sich auf 600 m Höhe

eine der schönsten und abwechslungsreichsten Gartenanlagen der Insel: die Palheiro-Gärten *(tgl. 9–17 Uhr | Eintritt 10 Euro | palheiro gardens.com)*.
Im 18. Jh. nutzte der Graf von Carvalhal die *Quinta do Palheiro Ferreiro* als Jagdsitz. Seine Nachkommen verprassten allerdings das Vermögen, und so wurde das Anwesen 1885 zum Hauptwohnsitz der britischen Weinhändlerfamilie Blandy, die sich auf dem Gelände ein eigenes Herrenhaus bauen ließ. Um diese private Landvilla rankt sich heute ein sorgsam angelegter englischer Garten mit wunderbaren subtropischen Pflanzen im „Sunken Garden", im „Long Border" und am lauschigen „Tea House". In keinem anderen Park der Insel gibt es so kunstvoll geschnittene Buchsbaum-Truthähne, so tolle Kamelien und so schöne Proteablüten.

21 MONTE

Hier oben in Monte ist das Klima gerne mal etwas kühler und feuchter – ideal für Engländer also! Zahlreiche schicke Herrenhäuser mit üppigen Gärten entstanden im 18. und 19. Jh. an dem 8 km oberhalb von Funchal gelegenen Hang, viele wurden von reichen Briten und eleganten Europäern bewohnt. 1921 kam sogar Österreichs letzter Kaiser, Karl I., er suchte Zuflucht im Exil, doch in dem klammen Sommerhaus zog er sich wohl die Lungenentzündung zu, an der er 1922 starb. Der inzwischen selig gesprochene Habsburger ist in der Wallfahrtskirche *Nossa Senhora do Monte* beigesetzt. Am unterhalb gelegenen Hauptplatz, dem idyllischen *Largo da Fonte* mit der ehemaligen Bergstation der von 1894 bis 1943 verkehrenden Zahnradbahn, zapfen sich die Inselbewohner Heilwasser aus einer Quelle.

Nur etwas für Schwindelfreie: mit der Kabinenseilbahn hoch nach Monte

Reid's Palace – wo die englische Welt noch in Ordnung ist

Hier beginnt der *Stadtgarten (Eintritt frei)*, der sich entlang der alten Zahnradbahnrampe talwärts zieht.

Vor den Stufen der Kirche stehen die Lenker der *Korbschlitten (Mo–Sa 9–18 Uhr | 30 Euro Doppelschlitten | carreirosdomonte.com)*, um ihre Kunden in den historischen Kufengefährten *(carros de cestos)* etwa 2 km nach Livramento zu steuern, wo teure Taxis warten. Diese Schlittenfahrt, ohne Schnee und zwischen fahrenden Autos, ist wohl weltweit einzigartig und deshalb für Touristen ein Highlight.

Mindestens genauso spektakulär ist die 15-minütige Fahrt mit der modernen *Kabinenseilbahn*, deren Bergstation neben dem *Tropischen Schlossgarten* von Monte liegt. Der inzwischen wegen Steuerbetrugs und Veruntreuung angeklagte Geschäftsmann Joe Berardo erwarb 1987 das verwilderte Anwesen eines ehemaligen Hotels und gestaltete daraus den verwunschenen Kunst- und Tropengarten ★ *Jardim Tropical Monte Palace (tgl. 9.30–18 Uhr | Eintritt 12,50 Euro | Caminho do Monte 174 | montepalace.com)*. Dort wandelst du durch ein märchenhaftes Durcheinander von Lorbeerbäumen und Palmfarnen, Azulejobildern, Terrakottasoldaten und anderen Kunstwerken, vorbei an Koi-Karpfen-Teichen, Buddhafiguren und fernöstlichen Toren. Außerdem kannst du am romantischen Schwanenteich die größte auf einer Töpferscheibe gefertigte Vase der Welt bewundern. Im oberen Teil des Gartens sind im *Museum* über 1000 Skulpturen aus Zimbabwe ausgestellt, im Untergeschoss verzückt eine der größten privaten Mineraliensammlungen der Welt – die Ausstellung „Mother Nature's Secrets" umfasst eine einzigartige Fülle an glitzernden Edelsteinen und Mineralien.

INSIDER-TIPP
Funkelnde Naturschätze

22 PARQUE ECOLÓGICO DO FUNCHAL

Wie wichtig das etwa 8 km² große städtische Schutzgebiet für Funchal ist, wurde immer mal wieder deutlich, wenn es hier oben zwischen Monte und dem Pico do Arieiro zu Katastrophen kam: zu viel Regen am Berg? Funchal überschwemmt. Waldbrände? Alarmstufe rot. Mühsam werden verbrannte Wälder wieder aufgeforstet, um ein funktionierendes Ökosystem zu schaffen und den Boden vor Erosion zu schützen. Im Besucherzentrum *Centro de Recepção e Interpretação (Mo–Fr 9.30–16.30, Parque: tgl. 8.30–19 Uhr | Estrada Regional 103, Nr. 259)* werden regelmäßig Umweltbildungskurse für Schulklassen durchgeführt, hier bekommt man auch Infos zu den Wanderwegen und den Besonderheiten des Areals, wie z. B. zum „Schneebrunnen" *Poço da Neve* im oberen Teil des Gebiets, wo einst Schnee eingelagert wurde, um im Sommer Eis für das Sorbet im Reid´s Palace zu haben.

ESSEN & TRINKEN

DOCA DO CAVACAS

Ein Fischrestaurant am Meer wie aus dem Bilderbuch – besonders romantisch bei Sonnenuntergang. Die Fische sind superfrisch und die Lage auf den Felsen oberhalb der Naturschwimmbecken *Poças do Gomes* einfach grandios. *Mo geschl. | Rua Ponta Cruz | Estrada Monumental | Tel. 291762057 | Facebook: rdocadocavacas | €€*

REID'S PALACE

Im besten und altehrwürdigsten Hotel am Platz gibt's auch etwas zu essen – über dem Gourmetrestaurant *William (Mi–Sa 19.30–22 Uhr | €€€)* funkelt ein Michelinstern. Absolut legendär ist der ★ *Afternoon Tea (tgl. 15 oder 16.30 Uhr | €€€)* auf der malerischen Terrasse: Du trinkst deinen Tee, den dir ein wie aus dem Ei gepellter Butler serviert, lässt den Blick über den fantastischen Garten und den Atlantik schweifen und beißt genussvoll in Scones und Cakes. Fehlt nur noch Miss Marple. *Estrada Monumental 139 | Tel. 291717030 (ohne Reservierung 1–2 Tage vorher keine Chance!) | belmond.com*

MERCEARIA DONA MÉCIA

Im Stil eines niedlichen Tante-Emma-Ladens mit Innenhofterrasse gehört das kleine Caférestaurant mit köstlichen Tagesgerichten und Kuchen zu den kultigsten und gleichzeitig am besten versteckten Plätzen im Zentrum. *So geschl. | Rua dos Aranhas 26 | Tel. 291221559 | Facebook: Mercearia.Dona.Mecia | €*

LOJA DO CHÁ ☂

Das Teehaus in Funchal: Man trifft sich hier nicht nur zum Tee, sondern auch zu köstlichen Scones und kleinen Snacks. Auf der Esplanade genießt du das Treiben auf dem Kolumbusplatz, innen herrscht Wohnzimmerflair. *Tgl. | Rua do*

Sabão 33–35 | Tel. 291 22 13 09 | lojadochamadeira.com | €

BIOFORMA

Ein Lichtblick für Vegetarier, auch wenn die Snackbar im Untergeschoss eines Bioladens liegt und nur Mittagsgerichte serviert. Dafür sind diese äußerst lecker und günstig! *Sa/So geschl. | Rua da Queimada de Cima 31 | Tel. 291 22 92 62 | bioformaonline.com | €*

A CUBA

Wie ein Weinlager sieht diese lauschige Adega aus, ein paar Tische stehen sogar im Inneren eines riesigen Weinfasses. In rustikaler Atmosphäre gibt's Madeiras typische Köstlichkeiten wie Tomatensuppe, Degenfisch, *bolo do caco* oder Fleischspieße, empfehlenswert ist auch das saftige Pfeffersteak. Für die zentrale Lage sind die Preise fair, vor allem wenn du mittags das Tagesgericht bestellst. *So geschl. | Rua do Bispo 28 | Tel. 291 64 69 30 | €€*

A BICA

Trau dich und geh ruhig die unscheinbare Treppe hinunter: In diesem familiären Restaurant neben der Markthalle kannst du dich prima unter die Einheimischen mischen, gut und günstig speisen und dir nostalgische Funchal-Fotos an den Wänden anschauen. *So geschl. | Rua Hospital Velho 17 | Tel. 291 22 13 46 | €*

CRIS'S

Die beiden hochgelobten Restaurants der Cris's-Familie schlagen alle Rekorde – kein Wunder, bei der ausgezeichneten Kochkunst, dem Service und den durchgestylten Locations. Die Gourmetmenüs sind wahrlich kulinarische Geschmacksreisen über die Insel. *Tgl. | Edifício Tecnoparque, Passeio Público Marítimo | Tel. 291 74 21 34 | €€€*

O REGIONAL

INSIDER-TIPP
Spaghetti-Eintopf

Hier gibt's Leckeres: vom Degenfisch und Fleischspieß bis zu den überköstlichen *Esparguete de Marisco.* Die Gerichte sind eine Gaumenfreude und die Kellner mit ihren traditionellen bunten Westen zuvorkommend und herzlich. *Tgl. | Rua de Dom Carlos I. 54 | Tel. 291 23 29 56 | restauranteoregionalfunchal.com | €€*

RESTAURANTE DO FORTE

Du möchtest so richtig elegant essen gehen? Im Zeltpavillon und zwischen den Gemäuern in der São-Tiago-Festung werden lokale Gerichte wie Degenfisch ausgefallen interpretiert, auf Wunsch wirst du mit einem Oldtimer abgeholt. *Tgl. | Rua Portão São Tiago | Tel. 291 21 55 80 | forte.restaurant | €€€*

O CALHAU

Gleich hinter der Kathedrale verbirgt sich dieses kleine, aber feine Lokal, in dem du dich auch durch nicht zu riesige, tapasähnliche Köstlichkeiten probieren kannst. Mittags gibt's günstige und schmackhafte Tagesgerichte. *Tgl. | Rua João Gago 2 | Tel. 291 22 17 17 | Facebook: ocalhau.fx | €*

SHOPPEN

ARCADAS SÃO FRANCISCO

Im Herzen Funchals gibt's nette Einkaufsgalerien. Besonders hübsch: das kleine Shoppingcenter auf dem Gelände des einstigen Franziskanerklosters mit Boutiquen, Blumenladen und Cafés. In der angeschlossenen *Blandy's Wine Lodge* (s. S. 31) kann man Madeirawein probieren und kaufen. *So geschl. | Rua São Francisco 20 | arcadassaofrancisco.pt*

FÁBRICA SANTO ANTÓNIO

Hausgemachte Bonbons, Konfitüren, Sorbets und Plätzchen sind in diesem historischen Laden der Hit. *Travessa do Forno 27–29 | fabricastoantonio.com*

MADEIRA SHOPPING ☂

Das größte Einkaufszentrum Madeiras liegt oberhalb Funchals und bietet über 100 Geschäfte, ein Kino, fast 20 Restaurants und Cafés sowie einen *Hipermercado* – bestes Schlechtwetterprogramm also. *Caminho de Santa Quitéria 45 | Santo António | madeirashopping.pt*

MERCADINHO BIO

Jeden Mittwoch verkaufen Madeiras Biobauern ihre ökologisch angebauten Produkte auf der *Av. Arriaga*.

SPORT & SPASS

Eine prima Joggingstrecke – mit kleinen Aufs und Abs ideal zum Fettverbrennen – hast du entlang der *Promenade do Lido:* von der Badeanstalt bis ins 7 km entfernte Câmara de Lobos geht's immer parallel zum Meer über Promenaden und Flanierstege.

Santa Maria de Colombo: Wenn kleine Piraten von der großen See träumen

INSIDER-TIPP
Laufend Meerblick

Mit strahlenden Augen stehen die Kleinen (und deren Eltern!) vor der *Santa Maria de Colombo (tgl. 10.30/15 Uhr, jeweils 3 Std. | Eintritt Erw. 35, Kinder 17,50 Euro | santamariadecolombo.com),* dem Nachbau des Kolumbusschiffes. Sie legt neben der *Praça do Povo* ab. Die als Piraten verkleidete Crew steuert den Nachwuchs bis zum Cabo Girão, mit etwas Glück eskortieren Delfine das Segelschiff.

STRÄNDE

Funchal hat keinen weißen Badestrand wie Calheta oder Machico. Aber man kann über Treppen an der Felsküste oder über Kieselsteine ins Meer gelangen. Ein 1-A-Kieselstrand ist die beliebte *Praia Formosa* im Westen Funchals. Die Brandung auf dem Kies macht tolle Geräusche. Im Hotelviertel gibt's an der Promenade zwei kostenpflichtige, bewachte Badeanstalten (*Lido* und *Ponta Gorda, jeweils 5,20 Euro*), die neben Treppenzugängen zum Meer auch über Schwimm- und Kinderbecken, Liegeflächen, Rutschen und Duschen verfügen. Etwas kleiner, aber auch lauschiger ist die Meeresbadeanlage *Poças do Gomes (5,20 Euro)*, zwischen Praia Formosa und dem westlichen Ende der Promenade. In der Altstadt gibt es gegenüber der Igreja do Socorro die Badeanstalt *Barreirinha (5,20 Euro)* und den kostenlosen kleinen Kieselstrand am Rande der São-Tiago-Festung, an dem auch gern die Kinder der Altstadt baden.

WELLNESS

Es gibt eine Menge Hotels mit Spa-Bereichen in Funchal, und fast immer ist es auch als Nicht-Hotelgast möglich, sich dort einen Wellnesstag zu gönnen. Besonders edel ist der Wellnessbereich im durchgestylten *The Vine Hotel (tgl. 11–19 Uhr | Massage mit Madeirawein 75 Euro/50 Min. | Rua das Aranhas 27 | Tel. 291009000 | hotelthevine.com)*. Vor und nach den gebuchten Anwendungen darf der Spa-Bereich genutzt werden.

Bietet Raum für Interpretationen: ein Spielkasino in Form einer Dornenkrone

AUSGEHEN & FEIERN

In Funchal ist immer was los, vor allem am Wochenende füllen sich am Abend die Poncha-Kneipen und Fado-Lokale in der Altstadt (Zona Velha) und die (Rooftop-)Bars und Pubs an der Promenade des Lido-Viertels oder im Bereich des Pestana-Carlton-Hotels rund um die Rua Favila. In der Rua das Fontes unterhalb der São-Lourenço-Festung reihen sich Poncha-, Shisha- und Sportsbars nebeneinander, auch ein Irish Pub sorgt am Abend für eine volle Gasse. Ab Mitternacht locken die Clubs (der Eintrittspreis beinhaltet oft einen Drink) mit DJ-Sets oder Live-Acts, getanzt wird auf Madeira gerne zu Afro- und Latin-Rhythmen.

CASINO DA MADEIRA

Das Kasino der Insel begeistert Restaurant- und Clubbesucher, Glücksspieler und Architekturfans gleichermaßen: Der extravagante Dornenkronenbau des brasilianischen Kultarchitekten Oscar Niemeyer erinnert an die Kathedrale von Brasília. Glücksspielattraktionen und Livemusik in der *Discoteca Copacabana* erfreuen die Nachtschwärmer. *Mi, Fr, Sa 23–3/4 Uhr | Av. do Infante | casinodamadeira.com*

VESPAS

Der Traditionsclub am Kreuzfahrthafen bestimmt seit über vier Jahrzehnten das Nachtleben Funchals. Es gibt mit den drei Sälen Vespas, Jam und Marginal drei Areale mit jeweiligen Haus-DJs und Guest-Acts. So können die einen zu Pop, House oder Techno tanzen, während die anderen hochkarätige Jazz-Sessions genießen. Generationenübergreifender Feiertempel! *Am Wochenende und vor Feiertagen ab Mitternacht | Av. Sá Carneiro 7 | Facebook: VespasClub*

VINTAGE BAR

In dieser angesagten Bar in der Zona Velha lebt der Spirit der 1970er, 80er und 90er wieder auf, und so finden sich hier auch gerne die Nachtschwärmer „Ü30" zusammen. *Di–Do, So 17–1, Fr/Sa 20–4 Uhr | Rua Santa Maria 23 | Facebook: 23VintageBar*

HOLE IN ONE

Der Irish Pub mit dem lauschigen Außenbereich verwandelt sich am Abend in eine fetzige Musikkneipe. Liveauftritte portugiesischer und internationaler Musiker begeistern das Publikum, das nicht nur aus Golfern besteht. *Tgl. 11–2 Uhr | Estrada Monumental 238a*

RUND UM FUNCHAL

CURRAL DAS FREIRAS

15 km/ 30 Min. mit dem Auto über die ER107

Ein Ausflug ins Nonnental ist in der Tat atemberaubend: zum Beispiel auf der Fahrt über die schmale Bergstraße zum Aussichtspunkt *Eira do Serrado* (1095 m), wenn dir ein Bus entgegenkommt. Doch der Nervenkitzel lohnt sich: Der Blick vom Miradouro in das rund 500 m tiefer gelegene „Nonnental" (1600 Ew.) und auf die zackigen Bergspitzen rund um den fast kreisrunden Kessel ist einzigartig. Früher hielt man das spektakuläre Tal für einen Vulkankrater, dabei hat einst das kleine Rinnsal, das sich heute durch die Klamm schlängelt, diese Landschaft geschaffen. Ein Kloster findest du hier nicht, doch der Ortsname – eigentlich „Stall der Nonnen" – stammt von den Klarissinnen aus dem Santa-Clara-Kloster in Funchal, die hier Ländereien (und Ställe) besaßen.

Die von den Nonnen errichtete Kapelle ist inzwischen einer moderneren gewichen. Vom Friedhof nebenan hat man eine schöne Aussicht auf den unteren Teil des Tals und auf die steile Felswand, an der sich ein toller Wanderweg (ca. 1½ Std.) über altes Pflaster zum Eira do Serrado hinaufwindet. In den Ausflugslokalen werden die Spezialitäten des Tals gereicht: Esskastanien in allen Variationen. Besonders schön sitzt man auf der Terrasse von *Sabores do Curral (Caminho da Pedra | Tel. 291712257 | €).* J5-6

INSIDER-TIPP
In Schlangenlinien die Wand hinauf

CÂMARA DE LOBOS

9 km/ 20 Min. mit dem Auto über die Estrada Monumental

Câmara de Lobos (16 550 Ew.) ist nach den einst hier lebenden Mönchsrobben (Lobos marinhos) benannt und hat sich vor ein paar Jahren den Ruf als sozialer Brennpunkt (Arbeitslosigkeit, Alkohol, Drogen) eingehandelt. Manche der Sozialprogramme haben gefruchtet, die Stadt mausert sich. Heute kann man wunderbar entlang der Küste und durch die Altstadt flanieren. Besonders schön ist die Spazier- oder Joggingstrecke Richtung Funchal parallel zum Meer.

Äußerst pittoresk präsentiert sich die schmale Bucht, in der bunt bemalte Fischerboote aufgebockt sind und zahlreiche Fotomotive bieten – manchmal hängen sogar noch Trockenfische in der Sonne. Schon Winston Churchill liebte diese Hafenidylle, er malte sie während seines Madeira-Aufenthalts zum Jahreswechsel 1949/50 von einer kleinen Aussichtsterrasse westlich des Hafen aus. Eine Tafel erinnert dort an den künstlerisch veranlagten englischen Staatsmann.

Im Fischerviertel musst du die *Capela de Nossa Senhora da Conceição* anschauen: Sie wurde im Auftrag vom Inselentdecker Zarco höchstpersönlich zur Ortsgründung im 15. Jh. gebaut, später übernahm die karitative Bruderschaft der Fischer die Kapelle und gestaltete sie um. Innen siehst du Gemälde mit Fischfangszenen.

Die Hauptkirche *São Sebastião* versteckt sich hinter einem Felsen vor den Gefahren des Meeres, über die kneipengesäumte Fußgängerzone gelangst du dorthin. Dahinter öffnet sich der mit viel Beton gestaltete Platz *Largo da República* zum Antlantik. Hervorragenden frischen Fisch vom Grill gibt's im lichtdurchfluteten Restaurant *Vila do Peixe (Rua Doutor João Abel de Freitas 30 | Tel. 291099909 | viladopeixe.com | €€).* J8

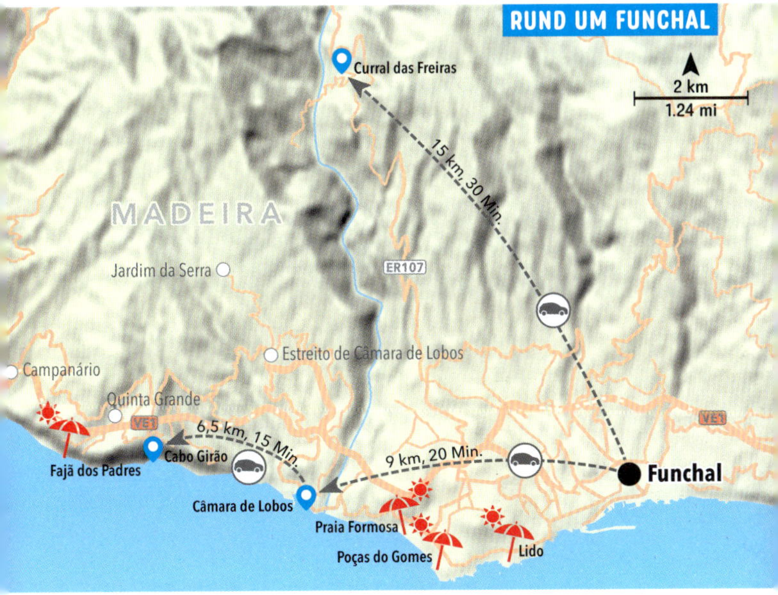

CABO GIRÃO

14 km/20 Min. mit dem Auto über die Via Rápida

Spektakuläre 580 m geht es am sogenannten Kap der Umkehr steil hinunter – unter dir nur die Glasplatte des Skywalks, dann einige Hundert Meter erst mal nichts. Ein atemberaubender Blick, wenn du keine Höhenangst hast. In Richtung Westen schaust du bei klarer Sicht bis nach Funchal.

Unten an der Küste wird auf dem fruchtbaren Schwemmlandstreifen der *Fajã do Cabo Girão* Wein und Gemüse angebaut. Wer dorthin möchte, kann im Ortsteil Rancho, östlich des Cabo Girão, die *Seilbahn (5 Euro)* nehmen, mit der die Bauern zu ihren Feldern am Meeressaum gelangen. Hier unten fühlst du dich wie auf einer einsamen Insel. *H8*

FAJÃ DOS PADRES

13 km/15 Min. mit dem Auto über die VR1

Madeiras jüngste Seilbahn schwebt in vier Minuten 300 m steil hinunter zur Fajã dos Padres – das ist ein grandioses Erlebnis. Und da unten erwartet dich dann ein kleines, abgelegenes Paradies, in dem du durch weinberankte Pergolas streifen, am Bootsanleger schnorcheln und im kristallklaren Wasser am Kiesstrand baden kannst. Im karibisch anmutenden *Restaurant (Tel. 2 91 94 45 38 | €€)* solltest du einkehren. *Seilbahn Fajã dos Padres (Rua Padre António Dinis Henriques | Quinta Grande | tgl. 10–18, im Sommer bis 19 Uhr | Hin- und Rückfahrt 10 Euro | fajadospadres.com)* *H7*

DER SÜDWESTEN

MADEIRAS SONNENSEITE

Fischerdörfer am Meeressaum, schmale Bananenterrassen, steile Weingärten, sprudelnde Wasserfälle und idyllische Dörfer – im wilden Westen der Insel triffst du auf ein vielerorts noch ziemlich ursprüngliches Madeira. In den Höhen erwarten dich karge Hochplateaus und tiefgrüne Täler – eine grandiose Mischung und ein Paradies für Wanderfreaks!

Mindestens genauso spannend sind die Levadawanderungen, die durch die verschlafenen Dörfer oberhalb der Küste führen. Hier

Am Fuß steiler Bananenterrassen: Madalena do Mar

oben siehst du noch immer alte Frauen mit Kopftüchern, die sich über schmale Kartoffeläcker bücken, und Männer, die mit 80 kg schweren Bananenstauden auf der Schulter über die Terrassen balancieren. Zwar dringt der Tourismus – ebenso wie die Schnellstraße – inzwischen bis tief in den Westen vor, doch gibt es an der Küste und in den Höhen nach wie vor genügend Möglichkeiten für individuelles Entdecken. Hier im Südwesten werden die meisten Sonnenstunden gezählt, also Badehose einpacken und ab an den Strand!

DER SÜDWESTEN

MARCO POLO HIGHLIGHTS

★ **PONTA DO SOL**
Malerisch zwängt sich das Dörfchen zwischen zwei Felsen – herrlich kitschig zum Sonnenuntergang ➤ S. 62

★ **PAÚL DA SERRA**
Hochmoorlandschaft wie in Schottland – mit atemberaubendem Ausblick ➤ S. 69

★ **SEILBAHN ACHADAS DA CRUZ**
Fast senkrecht führt die Seilbahn zu den Feldern an der Küste ➤ S. 71

★ **FAROL PONTA DO PARGO**
Der höchstgelegene Leuchtturm Portugals thront über Madeiras Westklippe ➤ S. 70

Seixal
VE2
São Vicente
45 km, 1 Std.
MADEIRA
8 Paúl da Serra
Boca da Encumeada 4
ER110
VE4
22 km, 40 Min.
Serra de Água
3 Madalena do Mar
Canhas
2 Praia dos Anjos
Tabua
Ponta do Sol
S. 62
Ribeira Brava 1
2 km
1.24 mi
Campanário

PONTA DO SOL

(⊞ E–F7) **Sonnenpunkt. Eigentlich ist damit fast alles gesagt über ★ Ponta do Sol. In einem Ort, der so heißt (und der noch dazu die meisten Sonnenstunden der Insel verzeichnet), kann man's wohl aushalten.**

Der alte Kern des insgesamt 4250 Ew. zählenden Städtchens schmiegt sich malerisch in das Flusstal zwischen zwei Felsenkaps und umfasst nur knapp zwei Dutzend Häuser, ein Kulturzentrum (zu Ehren des Schriftstellers John Dos Passos, dessen Familie von hier stammte) und natürlich die Kirche, die im 18. Jh. der lieben Frau vom Licht geweiht wurde. Etwas weiter oben noch ein tolles Hotel – dann beginnen auch schon die terrassierten Bananenfelder. Einen wunderbaren Ausblick auf die palmengesäumte Bucht hast du von dem vorgelagerten Felsen hinter dem Restaurant Sol Poente, den du über eine gemauerte Bogenbrücke erreichst. Ziemlich romantisch wird's hier übrigens zum Sonnenuntergang.

ESSEN & TRINKEN

THE OLD PHARMACY

Wo einst Medikamente verkauft wurden, sitzt du heute gemütlich bei leckerem Kaffee und Kuchen oder deftigen Snacks, abends wird aus dem Vintage-Café eine coole Weinbar. In den Regalen sind keine Arzneimittel, sondern hübsche Andenken ausgelegt, und die Getränke werden dir auf der Karte als „Antidepressivos" angeboten. *Tgl. | Rua Dr. João Augusto Teixeira 23 | Mobiltel. 927793866 | €*

ESTALAGEM PONTA DO SOL

Das auf der Felsklippe hoch über der Küste thronende Hotelrestaurant ist auch für Nicht-Hotelgäste zugänglich. Es ist ebenso puristisch und sophisticated wie das gleichnamige Hotel selbst und hat einfach eine atemberaubende Lage. Wenn du dir mal etwas wirklich Gutes gönnen möchtest, dann reserviere hier für ein Sonnenuntergangs-Dinner! *Tgl. | Quinta da Rochinha | Tel. 291970200 | €€€*

SHOPPEN

CANTINHO DE ARTES E OFICIOS

Neben der Kirche verkaufen kreative Dorfdamen hier ihre genähten Werke – es gibt wirklich tolle Taschen, Teppiche und Accessoires! Und du kannst den Weberinnen bei ihrer Arbeit zuschauen. *Mo–Fr 10–17 Uhr | Largo do Pelourinho | Facebook: Cantinho de Artes e Ofícios da Ponta do Sol*

SPORT & SPASS

LEVADAWANDERUNG

INSIDER-TIPP **Lauf dich erfrischend rund**

In Lombada de Ponta do Sol gibt es eine der ganz wenigen Levadawanderungen, die du als Rundweg laufen kannst. Los geht's an der Kirche neben dem Solar Esmeraldo: Die *Levada do Moinho* führt dich tief ins Tal hinein.

Nach einem steilen Treppenaufstieg erwartet dich an der Levada Nova ein spektakulärer *Wasserfall*. Achtung, der schmale Weg ist oft ziemlich ausgesetzt: Richtige Ausrüstung, Schwindelfreiheit und Trittsicherheit sind Pflicht!

STRÄNDE

In der pittoresken Bucht von Ponta do Sol werden im Sommer Stroh-Sonnenschirme zwischen die abgeflachten Kieselsteine platziert, und fertig ist der Badestrand! Eine Strandbar kümmert sich dann um die Verpflegung der Badegäste, auch Umkleiden und Toiletten stehen zur Verfügung.

RUND UM PONTA DO SOL

1 RIBEIRA BRAVA

4,7 km/8 Min. mit dem Auto über die Schnellstraße VE3

Der „wilde Fluss" *(ribeira brava)* hat ein dramatisches Tal geschaffen, in dem an manchen Stellen neben dem inzwischen „gebändigten" Fluss und der Verbindungsstraße zur Nordküste kaum noch Platz für anderes ist. Immer wieder verloren Talbewohner Haus und Hof, wenn der Wasserlauf zum reißenden Wildbach anschwoll – andererseits verdankte der Ort (6230 Ew.) seine Bedeutung eben der Lage am Kreuzungspunkt der Handelswege zwischen Nordküste und

In Ponta do Sol steht die Kirche in bester Hanglage

Funchal. Das hübsche Städtchen öffnet sich mit einer schattigen Uferpromenade und einer runden Mini-Festung zum Meer hin. Viele Cafés buhlen um die Gunst der Ausflugsbus-Gruppen, manch einer wirft auch einen Blick in die *Igreja de São Bento*, die zu den ältesten Kirchen der Insel gehört und in der es noch eine manuelinische Kanzel und ein Taufbecken aus dem 15. Jh. gibt. Auf der blauweiß gekachelten Turmspitze thront das Kugelsymbol (Armillarsphäre) der portugiesischen Entdecker.

In das sehenswerte Volkskundemuseum, das *Museu Etnográfico da Madeira (So/Mo geschl. | Eintritt 3 Euro | Rua de São Francisco 24)* in einem Herrenhaus aus dem 17. Jh. verirren sich nur wenige Touristen. Präsentiert werden alte Handwerke, Transportmethoden und inseltypische Anbau- und Erntetechniken.

Im *Restaurant & Grill Muralha (Mo geschl. | E. R. 220 1 | Tel. 2 91 95 25 92 | €€)* werden auf deinem Teller wahre Kunstwerke aus Fisch und Meeresfrüchten geschaffen. Von der Terrasse hast du zudem einen wunderbaren Blick aufs Meer. Wenn dir das nicht reicht: Am Kiesstrand eine Etage tiefer gibt es im Sommer Sonnenschirme aus Palmwedeln, Holzbohlenwege, Umkleiden, Toiletten und sogar ein paar Badebecken für Kinder. *G7*

2 PRAIA DOS ANJOS

2 km/5 Min. mit dem Auto über die Küstenstraße ER101

Zwischen Ponta do Sol und Madalena do Mar verbirgt sich unterhalb der alten Küstenstraße ER101 (mit einem Autoduschen-Wasserfall!) ein toller, naturbelassener Kieselstrand. Das Besondere: Im Hochsommer betreibt eine Gruppe enthusiastischer Freunde hier die Bar *Zion Project (tgl. Juni/Sept. | Facebook: thezionpontadosol)* mit Snacks und Drinks, DJ-Sunset-Sessions und regelmäßiger Livemusik. Über Holzbohlenwege kommt man schmerzfrei vom Tresen ins Meer. *E6*

3 MADALENA DO MAR

4 km/9 Min. mit dem Auto über die Küstenstraße ER101

Schon der Weg von Ponta do Sol nach Madalena ist grandios, die alte Küstenstraße führt durch historische Tunnel und direkt am Meer entlang – inklusive Gratisdusche für den Mietwagen unter einem der Wasserfälle. Wenn du mal in eine Bananenplantage schauen möchtest, ist der kleine Küstenort (500 Ew.) der perfekte Spot: Der schmale Pfad Vereda da Vargem führt dich von der Uferstraße aus hinein in den Bananendschungel. *E6*

4 BOCA DA ENCUMEADA

16,5 km/25 Min. mit dem Auto über die VE3, VE4 und ER228

Auf dem Weg hinauf zum Encumeada-Pass lohnt sich ein Boxenstopp in der legendären *Taberna da Poncha (€)* in Serra de Água, die Poncha hier ist wirklich gut, und es macht Spaß, die Schalen der Gratis-Erdnüsse auf den Boden fallen zu lassen. Gut 1000 m über dem Meeresspiegel öffnet sich dann der Mund *(boca)* auf dem Höhenzug zwischen Nord und Süd und gibt ein aufregendes Panorama in alle Richtungen frei. An der Passhöhe beginnen mehrere anspruchsvolle Wanderstrecken – z. B. ein Höhenweg bis zum Pico Ruivo. *H4*

INSIDER-TIPP
Hüllen fallen lassen

CALHETA

(🕮 C–D5) **Beachlife pur! Im größten Ort an der sonnenverwöhnten Südwestküste (3200 Ew.) badest du am hellen Sandstrand, flanierst über die palmengesäumte Uferpromenade am Yachthafen und erfährst so manche interessante Geschichte übers Zuckerrohr.**

Durch ein enges Flusstal zieht sich Calheta von der Küste steil in die Höhe. Ein paar gemauerte Schlote und historisches Destilliergerät erinnern an die große Rolle, die einst das Zuckerrohr für den Ort spielte. Noch immer wird jedes Jahr nach der (inzwischen sehr kleinen) Ernte im Frühjahr das Zuckerrohrfest gefeiert. Wenn dich das Thema interessiert, schau dir unbedingt auch die (frei zugängliche) Ausstellung im komplett zu diesem Motto designten Hotel *Savoy Saccharum* am östlichen Ortsausgang an: Alte Fotos zeigen, wie früher – lange bevor es hier Straßen oder Strände gab – in Calheta Zucker angebaut, geschleppt und gemahlen wurde.

SIGHTSEEING

IGREJA DO ESPÍRITO SANTO

Die von außen schlichte Pfarrkirche aus dem 15. Jh. gehört zu den ältesten der Insel und verbirgt trotz mehrfacher Umbauten ein paar echte Schätze: Viele sagen, die bunte, im Mudéjar-Stil geschnitzte Decke sei sogar noch schöner als die Holzdecke der Kathedrale von Funchal. Im Hochaltar steht ein Tabernakel aus Ebenholz und Silber, den kein geringerer als König Manuel nach Calheta gesandt haben soll. Zu Weihnachten verzückt die Kirchengemeinde mit einer wunderschönen Weihnachtskrippe –

Ein Königreich für einen Liegestuhl: der Kiesstrand von Ribeira Brava

Klare Kante: Das Mudas-Gebäude passt zur in ihm ausgestellten zeitgenössischen Kunst

mit lebensgroßen Figuren und oft echten Tieren. *Di–So 10–13 u. 15–18 Uhr*

SOCIEDADE DOS ENGENHOS DA CALHETA

Poncha-Liebhaber schwören auf den Zuckerrohrschnaps aus Calheta zum Mixen des madeirischen Minicocktails. Produziert wird er hier, in einer der letzten Zuckerrohrmühlen der Insel. Die historischen Gerätschaften, die zur Erntezeit im April und Mai Tag und Nacht laufen, kannst du dir völlig ohne Eintritt anschauen, ebenso das kleine *Museum*, das über die Geschichte der Mühle informiert. Das fertige Produkt testest du dann oben in der Probierstube (1,20 Euro inkl. Kuchen!) oder gemütlich unten in der Dorfbar *Adega do Engenho* – entweder pur oder in Form von Poncha. *Mühle tgl. 10–18.30 Uhr, Bar Mo–Fr 8.30–17 Uhr | Av. Dom Manuel I. 29*

MUDAS. MUSEU DE ARTE CONTEMPORÂNEA

Architekturfans und Fotografen sind begeistert vom Werk des madeirischen Architekten Paulo David, der 2004 die lavagrauen Kuben auf die Klippen über Calheta platzierte – und wirklich: Zwischen den Gebäuden ergeben sich verschiedene spektakuläre Blickwinkel auf die Küste und das Meer.

INSIDER-TIPP **Zwischenräume vor der Linse**

Die postmoderne Architektur ist nicht alles! Das wichtigste Kunstzentrum Madeiras beherbergt wechselnde Ausstellungen zeitgenössischer Kunst – die Gemälde, Fotografien und Skulpturen bieten ein tolles Regenprogramm für Kunst-Aficionados. *Di–Sa 9.30–13 u. 14–17.30 Uhr | Eintritt 4 Euro | Estrada Simão Gonçalves da Câmara 37 | Facebook: MUDASmuseu | 1½ Std.*

ESSEN & TRINKEN

SEM IDADE CAFÉ

Bei angenehmer Musik und bester Aussicht über Calheta chillen im Café „ohne Alter" Jung und Alt bei kühlen Drinks, gutem Kaffee, leckeren Snacks und hausgemachter Pizza. Die Wasserfläche des Infinity Pools macht sich mit einem Cocktail auf dem Tisch bestens auf den Instagram-Posts und nebenan können die Kids auf der Seilrutsche spielen. *So-Abend u. Mo geschl. | Centro Cívico Estreito da Calheta | Tel. 2 91 25 98 39 | Facebook: semidadebar | €*

INSIDER-TIPP
Fotogenes Liegestuhl-Deck

SPORT & SPASS

MADEIRA PARAGLIDING

Ab in die Lüfte und zack – über die Kante! Der erfahrene Paraglider Hartmut Peters bietet Tandemflüge an, bei gutem Wetter wird ab etwa 12 Uhr mittags bis Sonnenuntergang geflogen. *Rua da Achada de Santo Antão 212 | 99 Euro/15 Min. garantierte Flugzeit | Mobiltel. 9 64 13 39 07 | madeira-paragliding.com*

WHALEWATCHING

Baleia, baleia! Auf die sanfte Art näherst du dich den Meeressäugern, entweder mit dem restaurierten Fischkutter „Ribeira Brava" oder mit dem Schnellboot „Stenella". Das deutsch-madeirische Team engagiert sich für Walschutz und unterstützt mit ihren Auszeichnungen die wissenschaftliche Forschung. Ausfahrtszeiten variieren je nach Boot, Jahreszeit und Bedingungen. *Erw. ab 44, Kinder ab 22 Euro | Mobiltel. 9 68 40 09 80 | lobosonda.com*

STRÄNDE

PRAIA DA CALHETA

Calheta ist der Inbegriff des Beachfeelings auf Madeira! Hier wurde vor einigen Jahren der erste künstliche Sandstrand der Insel angelegt (natürlich mit dazugehörigem Strandhotel), seitdem tummeln sich an Madeiras Sonnenküste während der Sommermonate Urlauber und Einheimische im goldgelben – afrikanischen – Sand.

RUND UM CALHETA

5 JARDIM DO MAR

6 km/10 Min. mit dem Auto über die VE3/ER223

Einfach malerisch, wie sich das Fischerdörfchen (215 Ew.) über das halbmondförmige Küstenplateau unterhalb der Steilwände verstreut! Damit du dir die schmalen Gässchen anschauen kannst, musst du erstmal dein Auto loswerden. Ist der Parkplatz am Hotel Jardim do Mar schon voll, fährst du runter zum kleinen Hafen *(Portinho)* und schlenderst von dort über die moderne, etwa 700 m lange Promenade. Dabei siehst du vielleicht schon die ersten Surfer, die sich in den Profiwellen vor der Küste mit den Gewalten messen. Über steile Treppen

und verwinkelte Gassen geht es dann hinauf zur *Kirche,* die in dieser Form erst 1907 geweiht wurde.
Zur Einkehr empfiehlt sich *Joe's Bar (So geschl. | Vereda do Poco Velho | Mobiltel. 966130208 | €),* ein gemütliches Kneipenlokal an der Hauptgasse, mit urwaldähnlichem Innenhof, köstlichen Natursäften und leckeren Fisch- und Fleischgerichten, von denen auch die hungrigsten Surfer satt werden. Oder du gehst in das auf Snacks und Meeresgetier spezialisierte Lokal *Portinho (Rua do Portinho | Tel. 291827135 | €)* am kleinen Hafen, das besten Blick aufs Meer bietet.
Wer in Jardim do Mar baden möchte, ist hier sehr gut aufgehoben: Die *Praia do Portinho* gehört im Sommer zu den besten Stränden der Südwestküste, schließlich kommt man hier über den Bootsanleger super ins kristallklare Wasser. Die Betonflächen, die in den heißen Monaten mit Sonnenschirmen bestückt werden, sehen zwar nicht so schön aus, aber zum Handtuchausbreiten eignen sie sich um einiges besser als die Kieselsteine. *B5*

6 PAÚL DO MAR

9 km/14 Min. mit dem Auto über die VE3/ER223

Das noch ziemlich ursprüngliche Fischerdorf (635 Ew.) drängt sich dicht ans Meer, fast senkrecht ragen dahinter die Klippen auf. Die alten Dorfbewohner treffen sich unterm Gummibaum am Dorfplatz auf ein Schwätzchen zum Sonnenuntergang. Am Hafen erinnern eine Statue und die bunten Fischerbooten daran, dass die Menschen vom Fischfang lebten, manche bis heute. Die durchnummerierten Gässchen im historischen Ortskern wurden mit tollen Pflastersteinen aufgehübscht. Leckere Fischgerichte findest du im bodenständigen Lokal *Sol e Mar (Av. Pescadores Paulenses 80a | Tel. 291872140 | €–€€)* mit Blick aufs Meer. Ganz am Ende der langen (und nicht ganz so hübschen) Uferstraße erwartet dich eine der coolsten Bars der Insel: Im bunten Surfercafé *Maktub (Mi geschl. | Av. Pescadores Paulenses 160 | Tel. 915869898)* schlürfst du einen überragenden Mojito zum Sonnenuntergangsspektakel, begleitet von chilligen Reggae-Klängen. Alljährlich Anfang Mai veranstaltet die Bar das inzwischen schon legendäre *Maktub Soundsgood Festival*, bei dem internationale Reggae-Stars dem kleinen Paúl do Mar die Ehre erweisen.

INSIDER-TIPP
Reggae-Romantik

Für Badefreunde im tiefen Südwesten bietet die grobsteinige *Praia da Ribeira das Galinhas* die letzte, aber ziemlich coole Möglichkeit, im Inselwesten ins Meer zu gelangen. Im Sommer erleichtern Holzwege den Meereszugang, es geht aber auch über einen Bootsanleger. Dankenswerterweise kümmert sich hier die Maktub-Bar mit einem Stand am Strand um die passenden Klänge und Drinks zum Badevergnügen. *B4*

7 PRAZERES

8 km/12 Min. mit dem Auto über die VE3

Die einzige Attraktion des „Vogelscheuchen"-Dorfes (700 Ew.) – an jeder Ecke steht eine! – verbirgt sich hinter der doppeltürmigen *Pfarrkirche*: Im von der Pfarrgemeinde betriebene Tier- und Pflanzenpark *Quinta Pedagógica dos Prazeres (Eintritt Erw. 1 Euro, Kinder bis 12 J. frei | 1 Std.)* bestaunen vor allem die kleinen Besucher die dort lebenden Hühner, Schweine, Schildkröten, Kaninchen und Esel. Im angeschlossenen, durch den riesigen Kamin wirklich lauschigen *Café* (€) kannst du lokale Produkte wie Marmelade kaufen. *C4*

8 PAÚL DA SERRA ★

9 km/25 Min. mit dem Auto über die ER211 zum Parkplatz Rabaçal

Die karge Landschaft mag an schottische Hochmoorlandschaften erinnern. Nur robuste Pflanzen – Gras, Ginster und Adlerfarn – halten das raue Klima auf der rund 1400 m hohen Hochebene aus. Der Untergrund speichert wie ein Schwamm das Regenwasser. Von hier aus wird es über Levadas in viele Teile der Insel verteilt und gezielt in Kraftwerke geleitet. Aus diesem Grund verschandelt neuerdings auch ein riesiges Rückhaltebecken die Landschaft, aber irgendwo muss der Strom ja herkommen. Die Windgeneratoren reichen allein nicht aus. Wenn du gutes Wetter erwischt, erwarten dich von der Panoramastraße aus traumhafte Ausblicke in die Täler und über die Hochebene. Übrigens: Im berühmtesten Lorbeerwaldtal der Insel, rund um das Forsthaus von *Rabaçal*, (s. S. 122) tummeln sich bei schönem Wetter massenweise Wanderer auf den Levadas. *F4*

Über den Wolken auf der Hochebene Paúl da Serra liegt die Freiheit einfach so da

Leitgestirn und Richtfeuer: Mond überm Leuchtturm Farol

PONTA DO PARGO

(▯ A2–3) **Tief im Westen steht der schönste Leuchtturm *(farol)* Madeiras – Hauptsehenswürdigkeit der über sechs Ortsteile verstreuten Gemeinde Ponta do Pargo (800 Ew.).**

Eine schmackhafte Brassenart *(pargo)*, die in den Gewässern vor der Westspitze häufig vorkommt, ist Namensgeberin des Hauptdorfs. Sein Zentrum ist die *Igreja de São Pedro*. Ihre Holzdecke wird von bunten Gemälden geziert. Sie zeigen Engel im Himmel (oder im Meer?) und die paradiesischen Landschaften der Umgebung. Direkt unterhalb der Kirche erhebt sich das etwas überdimensionierte *Centro Cívico*, eine Art Bürgeramt mit Gesundheitsposten, das mit seiner modernen Architektur irgendwie fehl am Platz erscheint. An diesem verschlafenen Ende der Insel geht tatsächlich einmal im Jahr die Post ab, wenn im September das legendäre Apfelfest *(Festa do Pêro)* gefeiert wird.

SIGHTSEEING

FAROL ★

Kein Leuchtturm in Portugal wurde auf einer so hohen Klippe erbaut wie dieser: Das 15 m hohe Gebäude thront seit 1922 auf einer Steilküste, die hier 312 m ins Meer hinabfällt – was für eine Aussicht! Ein kleiner Pfad führt bis auf die Felsnase, von wo aus du spektakuläre Ausblicke auf die einsamen grünen Hänge hast. Im Sockelbau wartet eine *Dauerausstellung (tgl. 9.30–12 u. 14–16.30 Uhr | Eintritt frei | 15 Min.)* mit Fotos zum Thema Leuchttürme auf der Insel.

INSIDER-TIPP Erleuchtende Lehrstunde

Mittwochnachmittags führt dich der Leuchtturmwärter die Wendeltreppe hinauf und erklärt dir, wie die 1000 Watt starke Leuchte und die Fresnel-Linsen funktionieren.

ESSEN & TRINKEN

O FAROLIM

Du wolltest immer schon mal *porco preto* (Schwarzes Schwein) probieren?

In diesem etwas futuristisch-kubisch designten, aber sehr sympathisch geführten Lokal mit bester Aussicht auf das Meer und den Sonnenuntergang wird neben den üblichen madeirischen Fisch- und Fleischgerichten diese portugiesische Spezialität serviert. Dazu gibt's die üppigste Weinauswahl im Westen Madeiras. *So-Abend geschl.* | *Estrada Regional 101 Nr. 311* | *Tel. 2 91 88 21 42* | *€€*

O FORNO

Mit Hingabe kümmert sich Familie Bennett um das leibliche Wohl ihrer Gäste, ganz egal, ob du ein saftiges Steak vom offenen Holzofen oder ein vegetarisches Gericht wünscht. Köstlich ist der Apfel-Kokos-Chili-Crumble zum Nachtisch. Und ob du willst oder nicht, am Ende gibt's eine Poncha, sie ist fantastisch! *So/Mo geschl.* | *Estrada Ponta do Pargo 316* | *Salão* | *Tel. 2 91 09 83 41* | *Facebook: BBQOFORNO* | *€–€€*

INSIDER-TIPP
Exotischer Crumble

RUND UM PONTA DO PARGO

9 FAJÃ DA OVELHA

7,5 km/15 Min. mit dem Auto über die ER101

Der weit verstreute Bauernort (810 Ew.) balanciert auf einer aussichtsreichen Kuppe hoch über dem Atlantik. Besonders reizvoll ist im Ortsteil Massape der Blick hinunter nach Paúl und Jardim do Mar. Hervorragende Poncha (und auch sonst fast alles, was man zum Leben braucht) gibt's in der Snackbar *Moinho* (*€*) im Ortsteil Maloeira. *B4*

10 ACHADAS DA CRUZ

13 km/ 23 Min. mit dem Auto über die ER101

Die ★ Seilbahn *(teleférico)* ist die Hauptattraktion des ansonsten total verschlafenen Örtchens (120 Ew.). Fast senkrecht schwebt die Kabine hinab zu den einsamen Feldern der Fajã da Quebrada Nova am von Felsen gesäumten Meer. Die 451 Höhenmeter werden dabei in fünf Minuten überwunden *(tgl. 8–12 u. 14–18, im Sommer bis 20 Uhr | Hin- und Rückfahrt 5 Euro)*. Wenn du lieber läufst als schwebst: Auch ein Wanderweg führt hinunter (hin und zurück 4,5 km). *(B–C 1–2)*

SCHÖNER SCHLAFEN IM SÜDWESTEN

ZELTEN ZWISCHEN BANANENSTAUDEN …

… Obstbäumen und Wasserfall! Auf dem tropischen Mini-Glamping-Platz *Canto das Fontes* nahe Ponta do Sol schlummern Naturliebhaber in luxuriösen Tipis und chillen in der Hängematte oder im Badebecken. 100 m unterhalb der Ökoplantage rollen derweil die Wellen auf den Kiesstrand der Praia dos Anjos – was für ein Soundtrack! *Caminho dos Anjos* | *cantodasfontes.pt* | *€€*

DER NORDEN

GRÜNE NATURPARADIESE

Zwischen Porto Moniz und Porto da Cruz zeigt sich die Insel von ihrer rauen Seite: Die Küste ist steiler, das Meer wilder, der Wind kräftiger. Es fällt fast doppelt so viel Regen wie im Süden. Dafür ist es aber auch doppelt so grün!

Der Norden ist fruchtbar. Selbst an die steilsten Hänge legten die Menschen einst Terrassen an, noch immer wächst auf vielen Wein, Obst oder Gemüse. Tiefgrüne Täler ziehen sich hinauf bis in die Bergregionen mit kantigen Felsgipfeln, bizarren Gesteinstürmen,

Die wilde Umgebung von Boaventura ist ein einzigartiges Wanderparadies

Wasserfällen und Laurazeen-Dschungeln. Ein Paradies für Outdoor-Freaks. Lange Zeit war der Süden nur über das Meer oder auf Fußwegen über die Berge zu erreichen. Auch wenn manche heute täglich durch die Tunnel nach Funchal zur Arbeit pendeln, genießen die Menschen ihr ruhiges Leben auf dem Dorf – und widmen sich am Wochenende mit Inbrunst ihrem Gemüsegarten. So schnell lässt man sich nicht aus der Ruhe bringen, auch nicht von den Wetterkapriolen auf der Passatwindseite.

DER NORDEN

MARCO POLO HIGHLIGHTS

★ **LAVAPOOLS**
Schwimmen zwischen Lavazungen in Porto Moniz ➤ S. 77

★ **CASAS DE COLMO**
Farbenfroh und strohgedeckt: Die Häuser wirken fast wie im „kleinen gallischen Dorf" ➤ S. 82

★ **PICO RUIVO**
Madeiras höchsten Gipfel erklimmen ➤ S. 84

★ **GRUTAS DE SÃO VICENTE**
Durch Lavatunnels ins Innere der Insel spazieren ➤ S. 81

★ **FANAL**
Uralte, knorrige Lorbeerbäume wachsen im Feenwald von Fanal ➤ S. 78

OCEANO
ATLÂNTICO
5 Ponta Delgada
9 Arco de São Jorge
8 São Jorge
Boaventura
ER101
VE1
Santana S.82
Casas de Colmo
10 Faial
Queimadas 6
15 km, 30 Min.
Praia da Alagoa
11 Porto da Cruz
São Roque do Faial
7 Pico Ruivo
55 km, 1 ½ Std.
ER103
Curral das Freiras
Santo António da Serra
MADEIRA
Jardim da Serra
Camacha
Estreito de Câmara de Lobos
VR1
Caniço
Câmara de Lobos
Funchal
2 km
1.24 mi

Ganz in Ruhe rumplanschen: Entspannung am tobenden Meer bieten die Lavapools

PORTO MONIZ

(🕮 D1) **Als Mutter Natur Madeira schuf, fiel ihr ein: Moment, wir brauchen noch eine ordentliche Badestelle! Dann ließ sie den Vulkan erneut ausbrechen, und die Lavazungen, die langsam ins Meer flossen, formten natürliche Pools – voilà! Fertig war die schönste Naturpoolanlage der Insel und ein Plateau für die nordwestlichste Gemeinde, Porto Moniz (1600 Ew.).**
Wenn du dir das im 16. Jh. von einem Ritter namens Francisco Moniz gegründete Dorf aus der Vogelperspektive anschauen möchtest, nimm die Bergstraße Richtung Westen und halte am *Miradouro da Santa* – was für ein Blick! Die Straße wurde übrigens ebenso wie die Küstenstraße erst in den 1950er-Jahren gebaut, vorher erreichte man Porto Moniz nur per Schiff oder über Fußwege

SIGHTSEEING

KÜSTENPROMENADE

Attraktion Nummer eins sind natürlich die Lavapools. Doch auch wenn das Wetter nicht unbedingt zum Baden einladen sollte, gibt es keinen Grund, auf einen Ausflug nach Porto Moniz zu verzichten. Ist das Meer rau und wild, sorgt die meterhohe Gischt für spektakuläre Bilder, wenn sie gegen die schwarzen Lavafelsen klatscht. Von den Lokalen entlang der Küstenpromenade, dem *Passeio Público Marítimo,* hast du die Naturgewalten bestens im Blick. Und ist das Wetter gar zu schäbig, gibt's auch noch zwei kleine Indoor-Attraktionen: Im alten Forte São João Batista neben dem Hafen kannst du dir im ☂ 👧 *Aquário da Madeira (tgl. 10–18 Uhr | Eintritt Erw. 8, Kinder 4 Euro |*

Rua Forte São João Batista 7A | 1 Std.) die Spitzzähne der fleischfressenden Tigermuräne aus der Nähe anschauen oder beobachten, wie die Putzergarnelen ihre Arbeit als Zahnbürsten verrichten. Das Mehrzweckzentrum *Espaço Multiusos (tgl. 10–18 Uhr | Eintritt 2,50, Kinder bis 4 Jahre frei | Rotunda do Ilhéu Mole | 30 Min.)* zeigt wechselnde Ausstellungen zu verschiedenen Kultur- und Naturthemen.

ESSEN & TRINKEN

Zahlreiche Ausflugslokale entlang der Uferpromenade bieten die üblichen madeirischen Speisen an, insbesondere Fischgerichte und *lapas grelhadas* (Napfmuscheln).

SEA VIEW

INSIDER-TIPP
Auge in Auge mit der Brandung

In diesem hervorragenden Restaurant sitzt du unmittelbar über der Meeresbrandung, wenn du einen der vier Tische auf der Terrasse ergatterst. *Im Hotel Aqua Natura, tgl. | Rotunda da Piscina 3 | Tel. 291640100 | €€*

SNACK-BAR RESTAURANTE SALGUEIRO

Hier geht es etwas rustikaler zu als in den anderen Lokalen in Porto Moniz, das merkst du auch an den üppigeren Portionen – zu niedrigeren Preisen. Für den kleinen Hunger stehen herzhafte oder süße Snacks zur Auswahl. Meerblick hast du auch hier im ersten Stock über der Touri-Info. *Tgl. | Lugar do Tenente 34 | Tel. 291852139 | €€*

CACHALOTE

Das Restaurant verfügt wohl mit seiner buchstäblichen Pool-Position auf einem vorgelagerten Lavafels direkt neben den kleinen Naturpools über die beste Platzierung. Im angeschlossenen *Mini-Museum* erfährst du, wie im einstigen Walfängerort früher Pottwale *(cachalotes)* gejagt wurden. *Rua do Forte de São João Batista | Tel. 291853180 | restaurantecachalote.com | €€*

SPORT & SPASS

LEVADAWANDERUNG

Eine tolle Levadawanderung erwartet dich oberhalb von Porto Moniz. Ab dem Ortsteil *Lamaceiros* führt die *Levada da Ribeira da Janela* weit ins Tal der Ribeira da Janela hinein. Ein super Wanderweg mit Wasserfällen und Lorbeerwald, auf dem du etwa 12 km hin und zurück läufst, wenn du nach dem zweiten Tunnel umkehrst.

STRÄNDE

In den mit vielen Betonliegeflächen versehenen ★ *Lavapools (Piscinas Naturais) (tgl. 9–19, im Winter 9–17 Uhr | Eintritt 3 Euro)* kann man ganzjährig baden, im Winter muss man angesichts des frischen Meerwassers etwas abgebrühter sein (dafür hat man die Becken dann aber auch fast für sich allein!). Die Anlage ist mit Baywatchern, Umkleidekabinen und (kalten) Duschen ausgestattet. In den Becken am Restaurant *Cachalote* (keine Gebühr) gibt es das nicht, dafür sieht man hier mit Maske und Schnorchel meist noch mehr Fische, die mit der Flut über die Mauer gespült werden.

RUND UM PORTO MONIZ

1 RIBEIRA DA JANELA

3 km/6 Min. mit dem Auto über die VE2

Warum heißt das Rinnsal, das östlich von Porto Moniz ins Meer fließt, bloß „Fensterfluss"? Wenn du dir den fingerförmigen Felsen genauer anschaust, der sich direkt vor der Mündung aus dem Meer erhebt, siehst du die kleine fensterartige Öffnung *(janela)* im Fels. Aha! Vorne im Mündungsbereich gibt's tolle Fotomotive mit den Felsen in der Brandung. Auf der anderen Flussseite erzeugt das Kraftwerk Strom mit dem Wasser aus der Levada da Ribeira da Janela. Kaum zu glauben, dass dieses Fensterflüsschen (und seine Nebenbäche) einst dieses riesige, grüne Tal geschaffen haben, das sich bis nach Rabaçal hinaufzieht und von dichten, saftigen Lorbeerwäldern bedeckt ist.

INSIDER-TIPP
Fotoshooting am Fensterfelsen

Ein wunderbarer Blick gefällig? Hinauf ins gleichnamige lang gezogene Bauerndorf *Ribeira da Janela* (200 Ew.), das sich entlang der kurvenreichen Bergstraße ER209 an den Hang schmiegt. Hier lebt man noch von Landwirtschaft und Weinbau, wie du an den vielen steilen, teilweise mit Besenheiden vor der salzigen Luft geschützten Terrassen bestens erkennen kannst. Phänomenale Aussichten über die Nordküste gibt's am *Miradouro da Eira da Achada*. *D1*

2 FANAL ★

14 km/23 Min. mit dem Auto über die ER209 bis zum Forsthaus

Fährst du von Ribeira da Janela aus immer weiter hinauf, kommst du ins Fanal, eines der ursprünglichsten und grünsten Gebiete der Insel. Nicht weit vom Forsthaus stehen fantastische, alte Stinklorbeerbäume – im leichten Nebel verwandelt sich der Hang in einen wahren Feenwald. Mehrere Wan-

derwege beginnen oder enden nahe dem Forsthaus, wie z. B. die tiefgrüne *Levada dos Cedros,* die hangabwärts Richtung Ribeira da Janela führt, oder die *Vereda do Fanal,* die sich aussichtsreich bis in die Hochebene Paúl da Serra schlängelt. *D–E3*

3 SEIXAL

8,5 km/11 Min. mit dem Auto über die VE2

An Seixal (610 Ew.) kann man auch aus Versehen vorbeidüsen. Die Tunnelstrecke hält den Durchgangsverkehr prima raus aus dem hübschen Weinbauernort auf einem Lavaplateau unterhalb der grünen Steilwand. Doch Seixal links liegen zu lassen wäre ziemlich schade, denn der Ort ist dank seiner zerfurchten Lavazungenküste ein echter Geheimtipp, vor allem, wenn man baden möchte.

Am schwarzen Sandstrand *Praia de Seixal* neben der Hafenmole bleiben Massenanstürme aus. Die schmale Straße hinunter zum *Clube Naval* mit seiner chilligen Felsbadeanlage und zum (ja, wirklich echten!) Sandstrand ist glücklicherweise viel zu schmal für Ausflugsbusse. Doch damit nicht genug, man kann auch an der geschützten *Praia das Lajes* (vom westlichen Ortsausgang aus über die Rua do Porto da Laje zu erreichen) oder sehr gut im naturbelassenen Felsenpool *Poço das Lesmas* unterhalb der Post baden. Aus dem Meer direkt auf den Tisch kommen die Fische im Restaurant *Solmar (Sítio da Ponte | Tel. 291854854 | residencialsolmar.com.pt | €–€€). E2*

Wenn der Stinklorbeer im Fanal in Nebel getaucht ist …

Eine – gut beleuchtete – Reise ins Innere des Vulkans: die Grutas de São Vicente

4 CHÃO DA RIBEIRA

12 km/15 Min. per Auto über die VE2/ Bergstraße

Von Seixal aus führt eine kurvenreiche, steile Straße in wenigen Minuten hinauf in das fruchtbare Sackgassental. Plötzlich bist du in einer anderen Welt. Kleine Scheunen, unendlich viele Felder und Terrassen und ein paar Bauernhäuser – hier wird wirklich noch auf dem Land gearbeitet. Und nicht wenig, wie du vor allem am Wochenende an den vielen Städtern erkennen kannst, die sich passioniert um die geerbten Ländereien kümmern. In dem urtümlichen Dorfgasthaus *Casa de Pasto Justiniano (Di geschl. | Tel. 2 91 85 45 59 | casadepastojustiniano.com | €–€€)* lässt du dich mit frischen Forellen und köstlichen Rindfleischspießen verwöhnen. *(E2–3)*

INSIDER-TIPP
Deftiger Genuss

SÃO VICENTE

(G–H3) **Der winzige Ortskern des schnuckligen Städtchens São Vicente (2800 Ew.) versteckt sich so geschickt hinter einem Felsen, dass du aufpassen musst, ihn nicht zu verpassen.**

Während die Uferpromenade und der Spazierweg durch die Grünanlagen am Fluss großzügig gestaltet wurden, drängen sich die adretten Häuser der Altstadt in ein paar schmale Gässchen rund um die Pfarrkirche.

SIGHTSEEING

CAPELINHA DO CALHAU

Mitten in der Flussmündung der Ribeira de São Vicente erhebt sich ein Felsbrocken. Ende des 17. Jh. hatte jemand die Idee, eine winzige Kapelle hineinzubauen, und da steht sie jetzt – wie ein Fels in der Brandung! Die barocke Fassade ist mit Mosaikarbeiten aus Strandkieseln geschmückt.

IGREJA DE SÃO VICENTE

Schon die kunstvollen Pflastersteine vor dem Kircheneingang erinnern an den Heiligen Vinzenz: in einem nur von zwei Raben begleiteten Schiff soll der Leichnam dieses Märtyrers einst in Südportugal an Land gespült worden sein. Auch im Deckengemälde, das der deutsche Maler Max Römer um 1940 schuf, taucht er auf. Altarraum und Seitenaltäre der Dorfkirche aus dem 18. Jh. sind mit den typischen Goldschnitzereien *(talha dourada)* des portugiesischen Barocks ausgestattet. Die Wände ziert ein schöner Azulejofries – es lohnt sich also, einen Blick hineinzuwerfen!

GRUTAS DE SÃO VICENTE ★

Wie wär's mit einem Ausflug ins Innere Madeiras? Bei einer Führung (auf Portugiesisch und Englisch) durch das 700 m lange Lavatunnelsystem reist man in die geologische Vergangenheit Madeiras: Die gut erschlossenen Höhlen sind bei einem Vulkanausbruch vor 890 000 Jahren entstanden und halten so manche Überraschung bereit. Im zugehörigen *Centro do Vulcanismo (tgl. 10–19 Uhr | Eintritt Erw. 8, Kinder zw. 5 u. 14 Jahren 6 Euro | Sítio do Pé do Passo | grutasecentrodovulcanismosaovicente.com | 2 Std.)* kann man sich ausführlich über vulkanische Phänomene im Allgemeinen und die Entstehung der Insel informieren – und sogar mit einem Aufzug ins Erdinnere fahren!

CAPELINHA NOSSA SENHORA DA FÁTIMA

Diese Kirche ist anders als die anderen, denn sie besteht nur aus einem Glockenturm, der sich einsam auf einem Hügel gen Himmel streckt. In den 1950er-Jahren ließen ihn die Gemeindemitglieder zu Ehren der Jungfrau von Fátima erbauen. So hatten sie ihre eigene Fátima-Kapelle und mussten nicht mehr bis aufs Festland pilgern.

INSIDER-TIPP
Miniweg zur großen Aussicht

Treppenstufen hinauf, und den tollen Rundumblick über das Tal genießen.

ESSEN & TRINKEN

QUEBRA MAR

Während du deine herzhafte Fischsuppe löffelst, rollen direkt nebenan die Wellen auf den Kiesstrand ... Dieses Drehlokal hat wirklich die beste Lage im Ort – und 1-A-Sicht über die Nordküste. *Tgl. | Sítio do Calhau | Tel. 291842338 | restaurantequebramar.com | €€*

LAVRADOR SÃO VICENTE

Diese Neuentdeckung liegt ein bisschen ab vom Schuss, doch die sensationelle Aussicht durch die riesigen Fensterwände ins Tal und die fantasievolle, ambitionierte Küche entschädigen für jede Kurve! So ausgefeilte Variationen der inseltypischen Klassiker würde man in dieser doch eher rustikalen Landschaft gar nicht erwarten.

Gourmetküche zu Dorfkneipen-Preisen! *Di geschl. | Estr. Dom João V. 149 | Ginjas | Tel. 291 63 11 63 | Facebook: ChefMauricioNeves | €€*

RUND UM SÃO VICENTE

5 PONTA DELGADA

7,5 km/11 Min. mit dem Auto über die VE1/ER101

Einmal im Jahr erlebt der sonst beschauliche Ort (1050 Ew.) einen Massenansturm: am ersten Septembersonntag, wenn Wallfahrer und feierwütige Insulaner kommen, um die Holzfigur des Senhor Bom Jesus zu verehren oder sich auf einem der größten Kapellenfeste der Insel zu amüsieren. Das Kruzifix soll im 15. Jh. in einer Kiste hier angespült worden sein. Das später an der Fundstelle errichtete Gotteshaus brannte 1908 fast vollständig aus. Dabei fing auch das Kreuz Feuer. Ein verkohlter Rest konnte gerettet werden. Er wird in der neuen, im Barockstil dekorierten *Kirche* hinter Glas aufbewahrt.

Die Umgebung von Ponta Delgada eignet sich auch gut zum (einsamen) Wandern, beispielsweise entlang des alten Verbindungspfads Caminho Real in Richtung São Jorge. Oder in den Lorbeerdschungel: Im Nachbardorf *Boaventura* führt eine tolle Levada tief ins grüne Tal, und wer mag, kann von hier aus sogar den Hauptkamm Richtung Curral das Freiras überqueren. *J2*

SANTANA

(L-M 2-3) **Santana, das Städtchen (2840 Ew.) mit den fotogenen strohgedeckten Holzhäusern fehlt auf keiner Postkarte und auf keiner Inselrundtour. Dementsprechend tummeln sich die Busausflügler vor den Vorzeigehäuschen im Ortskern, bevor es weiter zum nächsten Fotostop geht. Dabei hat Santana noch mehr zu bieten.**

Der Heiligen Anna verdankt Santana seinen Ortsnamen, und auch die Dorf…, uuups, Stadtkirche ist ihr geweiht. Man kann in Santana schnell vergessen, dass es sich um eine Kreisstadt handelt, alles erscheint dörflich. Und das ist es auch, mit Ausnahme vom Touristen-Busstop am Rathaus geht es es hier ziemlich ländlich zu.

SIGHTSEEING

CASAS DE COLMO ★

In vielen der im Gemeindebezirk verteilten Casas de Colmo, die dich ein bisschen an die Welt von Asterix und Obelix erinnern mögen, lebten bis vor ein paar Jahrzehnten noch ganze Familien– in spartanischen Verhältnissen. Das Leben spielte sich eben zum großen Teil draußen ab. Die Mikro-Häuser waren praktisch für Tagelöhner, die auf den Feldern der fruchtbaren Nordküste anheuerten und nach der Ernte ihr Häuschen abbauten und weiterzogen. Manche der Häuser blieben irgendwann stehen und wurden als Schuppen benutzt. Wenn noch eins bewohnt wird, dann nur, wenn ein Anbau drangesetzt wurde. In einem der Vorzeigehäuschen neben dem Rathaus kannst du dir Originalmobiliar anschauen, in einem anderen ein Kunsthandwerksatelier. Pittoreske Gartenzwergromantik findest du im Privathaus von Senhor Manuel *(Rua Dr. João Abel de Freitas Médico)*, in dem du dich bei einem selbst gemachten Likörchen umschauen darfst.

INSIDER-TIPP
Kaffeelikör im Kitschhaus

PARQUE TEMÁTICO DA MADEIRA

Wie wär's mit einem ruckeligen Flug im Simulator über die Insel? Trampolinspringen, Tretbootfahren? Nicht weit vom Ortszentrum erfreut der Themenpark mit lehrreichen Attraktionen vor allem Familien. In den Pavillons dreht sich alles um die Kultur und Geschichte Madeiras, auch für hungrige Entdecker ist gesorgt. *Di–So 9–18, im Sommer 10–19 Uhr | Eintritt Erw. 10, Kinder (4–5 J.) 2, (6–14 J.) 6 Euro | Fonte da Pedra | parquetematicodamadeira.pt | 3 Std.*

ROCHA DO NAVIO

Am Fuße des Plateaus, auf dem sich Santana verstreut hat, verbirgt sich ein von Wasserfällen flankiertes Naturparadies, in das sich kaum jemand verirrt. Einfach idyllisch ist es hier unten zwischen den kleinen Feldern und Bauernhäusern für ein Picknick! Vom Fels hinab zum groben Kiesstrand verkehrt eigentlich eine Seilbahn, nach einem Kabinenabsturz ohne Passagiere Anfang 2022 ist sie jedoch erst einmal außer Betrieb. Du müsstest also hinunterwandern (Achtung, der Pfad ist steil und manchmal rutschig).

INSIDER-TIPP
Viel Zeit für die Brotzeit

ESSEN & TRINKEN

CANTINHO DA SERRA

Ungewöhnlich gemütlich sitzt du in diesem urigen Landgasthaus, vor allem im Winter, wenn das Kaminfeuer knistert. Die Portionen der deftigen Raffinessen wie Zwiebel-Oktopus oder geschmortes Zicklein im Tontopf sind so üppig, dass sie oft für zwei reichen. *Mo geschl. | Estrada do Pico das Pedras | Tel. 291573727 | €€*

SERRA E MAR

Der Name ist Programm. Das bodenständige Familienrestaurant serviert

Lebendige (Wohn-)Geschichte: *casas de colmo* in Santana

Köstlichkeiten aus den Bergen und aus dem Meer (z. B. Schwarzen Degenfisch). Die Preise sind günstig und die Portionen großzügig – kein Wunder, dass das Restaurant auch unter den Dorfbewohnern so beliebt ist. *So geschl. | Cônego Fernando Vaz 12 | Tel. 2 91 57 38 95 | €*

QUINTA DO FURÃO

Das Restaurant des am Rand einer Steilklippe gelegenen Landhotels gehört zu den besten der Insel. Allein die Lage – umgeben nur von Wein- und Gemüsefeldern und dem Meer! Wenn du hier einkehrst, mach vorher noch einen Spaziergang an den Klippen, die Aussichten entlang der Nordküste sind fabelhaft. Das Essen in der Quinta steht dem in nichts nach, aus lokalen (teilweise sogar eigenen) Produkten werden überköstliche Gerichte gezaubert. *Tgl. | Estrada Quinta do Furão 6 | Tel. 2 91 57 01 00 | quintadofurao.com | €€*

SPORT & SPASS

Im Norden wimmelt's nur so von Wanderwegen, ein einziger Madeiraurlaub reicht nicht aus, um sie alle zu erkunden. Besonders schön sind die alten Verbindungspfade des *Caminho Real*, die von Dorf zu Dorf immer auf und ab an der Küste entlangführen. Lust auf eine Küstenwanderung? Dann ab zur Quinta do Furão und an der spektakulären Steilküste entlanglaufen Richtung Westen. Der Caminho Real schraubt sich dann in vielen Serpentinen zum *Calhau de São Jorge* hinunter.

RUND UM SANTANA

6 QUEIMADAS

6 km/12 Min. mit dem Auto zum Rancho Madeirense über den Caminho das Queimadas

Vom Parkplatz der kleinen Ferienhaussiedlung *Rancho Madeirense* (an der Straße zum Pico das Pedras) führt ein lauschiger, ca. 2 km langer Spazierweg entlang einer Levada und durch den grünen Lorbeerwald zum *Forsthaus von Queimadas*. Von Santana aus kommst du auch per Auto über ein schmales Sträßchen hinauf zu dieser ehemaligen Köhlersiedlung (Parken hier kostenpflichtig). Queimadas liegt malerisch auf 900 m Höhe in einer Lichtung, umgeben von Rhododendren und einer Teichlandschaft mit Picknicktischen – Idylle pur!

Hier startet die beliebte Lorbeerwaldwanderung entlang der *Levada do Caldeirão Verde* (ca. 4 Std. hin und zurück). Schwindelfreie und trittsichere Wanderer können vom „Grünen Kessel" noch bis zum *Caldeirão do Inferno*, dem „Höllenkessel", weiterlaufen (weitere 2 Std. hin und zurück). *L3*

7 PICO RUIVO ★

10 km/ca. 20 Min. mit dem Auto bis zum Wanderparkplatz Achada do Teixeira

Madeiras höchster Gipfel (1862 m) thront hoch über Santana. Wenn du von Achada do Teixeira aus hinaufsteigst, liegt dir die Insel zu Füßen und du hast bei gutem Wetter ein

Quinta do Furão: Wo du vor lauter schönen Ausblicken glatt das Essen vergisst

sensationelles Panorama. Der Aufstieg zur Spitze ist dank des Pflasterwegs nicht schwierig und dauert maximal eine Stunde. Kurz vorm Gipfel kannst du dich in der Schutzhütte mit Kaffee, Keksen und Dosengetränken verpflegen (tgl., außer bei widrigem Wetter).

Mit guter Kondition und der entsprechenden Ausrüstung kannst du weiterwandern zum 1818 m hohen *Pico do Arieiro* *(□□ K5)*. Im Frühsommer blüht hier oben eine einzigartige endemische Hochgebirgsflora, z. B. das gelbe Madeira-Veilchen, im Winter fällt in diesen Höhen manchmal sogar Schnee. Nach dem Gipfelsturm kannst du im *Mountain Spot Café (tgl. | Tel. 9 67 34 49 07)* am Wanderparkplatz von Achada do Teixeira einkehren – hier gibt's neben Kaffee und Kuchen auch deftige Snacks für müde Wanderer. *□□ K4*

8 SÃO JORGE

7 km/12 Min. mit dem Auto über die ER101

Wie kommt das kleine Bauerndörfchen (1170 Ew.) an eine so üppig verzierte Kirche? Die *Igreja de São Jorge*. gilt mit ihren vergoldeten Barockschnitzereien und dem Kachelfries aus dem 18. Jh. als das schönste Gotteshaus des Inselnordens. Tja, wie gut, dass ein Bischof von Funchal hier einst seinen Sommersitz hatte! Direkt hinter der Kirche versteckt sich in einem der typischen viereckigen Strohdachhäuser das kleine Lokal *Casa de Palha (Mo geschl. | Achada Grande | Tel. 2 91 57 63 82 | €)*, in dem man raffiniert zubereitete typische Gerichte wie z. B. eine im Brotmantel servierte Krabbencreme, *consomé de camarão no pão*, bekommt.

Von der Kirche führt eine Straße zur Landzunge *Ponta de São Jorge*, auf

Beste Aussicht bei Adler und Piraten: Penha de Águia

der ein Leuchtturm *(farol)* thront. Vom ehemaligen Wal-Ausgucksposten *Ponta Vigia* unweit des Leuchtturms ist der Küstenblick einfach grandios.

Wer sich das Meer aus der Nähe anschauen möchte, wandert hinab zum Küstenpfad, ab dem (sehr empfehlenswerten!) *Cabo Aereo Café (Parque de Merendas Farrobo | Tel. 2 91 57 52 09 | €)* führt der alte Verbindungsweg *Caminho Real* in Serpentinen hinunter. Theoretisch kann man hier eine wunderbare Küstenrundtour mit Abstecher zum alten Bootsanleger an der Ponta de São Jorge machen. Wem jedoch die vielen Stufen zu anstrengend sind, der nimmt die Straße, die hinab zum Meer führt. Bei der Ribeira de São Jorge weist ein Schild zur „Piscina" und zu den „Ruinas". Damit sind fotogene Reste der alten *Zuckerrohrmühle* gemeint, nebenan wartet ein Freibad auf Besucher. Ist die See ruhig, kann man aber auch in der kleinen Lagune im Mündungsbereich der Ribeira herrlich baden. *L2*

9 ARCO DE SÃO JORGE

16 km/25 Min. mit dem Auto über die ER101

Wie ein gemalter Bogen verteilt sich das Dorf (360 Ew.) in ein Hochtal, eingerahmt von dem Meer und hohen Bergen. Den besten Blick auf diese Show hast du vom Miradouro *Cabanas* zwischen São Jorge und Arco de São Jorge, hier stehen auch immer ein paar Bauern, die exotische Früchte an fotografierende Urlauber verkaufen. Im Ort selbst blühen im *Rosengarten (Roseiral)* der inzwischen von einer großen Hotelkette verwalteten *Quinta do Arco (April–Dez. tgl. 10–18 Uhr | Eintritt 7,50 Euro | Sítio da Lagoa)* zwischen April und November mehr als 1700 verschiedene Rosensorten. *K2*

10 FAIAL

6 km/15 Min. mit dem Auto über die alte Bergstraße

Verzichte auf die Tunnelstrecke nach Faial und nimm die alte Bergstraße – hinter jeder Kurve eröffnet sich ein neues Panorama. Umgeben von Rebterrassen und Obstgärten ruht das anmutige 1300-Seelen-Dorf am Hang, den Blick fest auf den fast 600 m hohen Küstenberg nebenan gerichtet – den *Penha de Águia* („Adlerfels"). Eine tolle Aussicht auf den Berg hast du vom kleinen *Fortim* aus, einem Miradouro mit ein paar übrig gebliebenen Kanonen.

INSIDER-TIPP
Felsenfester Blick

Wer Lust auf frische Speckforelle in lauschiger Korbmöbelatmosphäre hat, geht in die *Casa de Chá do Faial (Lombo do Baixo | Tel. 291572223 | Facebook: casadechadofaial | €€)*. Von der Dachterrasse des seit Jahrzehnten Touristen und Einheimische beglückenden „Teehauses" im höher gelegenen Ortsteil São Roque do Faial gibt's einen grandiosen Rundumblick über die grünen Bergrücken. Für kleine Speedy Gonzales' ist die Kartrennbahn das Richtige. Das *Kartódromo do Faial (tgl. 10–18, im Sommer bis 19 Uhr | Kartmiete: 20 Euro/15 Min., ab 14 J. | Estrada da Praia do Faial | akmadeira.com)* liegt im Mündungsbereich der Ribeira do Faial und wird von einem Verein betrieben, Gäste sind willkommen.

Wer baden möchte, fährt an der Kartbahn vorbei – und erreicht direkt den „Strand". Die künstliche Badebucht neben der Flussmündung ist bestens vor der rauen See des Nordens geschützt, im Sommer kann man sein Handtuch auf die Betonliegeflächen legen, und über die Rampe kommt man ins Wasser. Ein Café versorgt mit Snacks und Getränken. *M–N3*

11 PORTO DA CRUZ

9,5 km/12 Min. mit dem Auto über die VE2

Im Hafen *(porto)* des Kreuzes *(cruz)*, das die ersten der heute 2130 Bewohner einst aufstellten, kann man prima über die kleine Promenade spazieren: sie beginnt an den Esplanadencafés am östlichen Kiesstrand und führt am winzigen „Hafen" vorbei. In Porto da Cruz gibt's die besten Bademöglichkeiten der Nordostküste Madeiras: Besonders schön angelegt ist das *Meerwasserschwimmbad (nur im Sommer geöffnet | Eintritt ca. 1,50 Euro)* an der Promenade. Wer direkt ins Meer möchte, kommt an der westlichen Strandbucht am Kieselsteinstrand *Praia da Alagoa* gut ins Wasser, hier mischt sich sogar etwas schwarzer Sand unter die rundgewaschenen Steine. Landschaftlich ist das Baden hier eine Wucht, man schwimmt genau unter der bald 500 m hohen Steilwand des Adlerfelsens. Häufig rollen hier auch anfängertaugliche Surferwellen hinein, nicht ohne Grund hat sich Porto da Cruz zum zweiten Surf-Hotspot Madeiras gemausert (s. Sport).

An der Praia da Alagoa fällt die *Zuckermühle* auf, sie ist eine der letzten der Insel und lässt sich kostenlos besichtigen. Im Shop gibt's den hausgemachten Rum oder auch eine frische Poncha zu probieren. Eine zünftige Einkehrmöglichkeit bietet das urige Lokal *A Pipa (Mo geschl. | Casas Próximas | Mobiltel. 968527400 | €–€€)*. Dessen Wirt Zé ist unter Madeirern für seine besonders guten Fischgerichte bekannt. *N4*

DER OSTEN

VOLLER KONTRASTE

Nach jedem Tunnel eine andere Landschaft, ein neuer Ausblick auf die nächste Bucht: Der Osten Madeiras ist unglaublich abwechslungsreich.

Kühle, grüne Höhen kontrastieren mit karger, wüstenfarbener Erde, zeitgenössische Architektur paart sich mit traditionsreichen Handwerksstätten. Die Orte zwischen Caniço und der Ponta de São Lourenço sind die geschichtsträchtigsten der Insel. Hier in den sanften Buchten gingen Entdecker und Piraten das erste Mal an Land.

Blick auf die östlichste Spitze, die Ponta de São Lourenço

Auch du wirst hier deine Madeirareise wohl beginnen – am Flughafen.
Die Zukunft ist im Osten besonders sichtbar: sei es am Containerhafen des einstigen Walfängerorts Caniçal, in der exklusiven Yachthafensiedlung Quinta do Lorde oder in den Gewerbegebieten entlang der Schnellstraße. Der Fortschritt ist nicht immer schön anzuschauen. Wer aber ein paar Kilometer bergauf fährt, dem zeigt sich dort oben ein sehr ursprüngliches Madeira.

DER OSTEN

MARCO POLO HIGHLIGHTS

★ **MUSEU DA BALEIA**
Das Walfangmuseum in Caniçal erzählt von den Geschichte der Meeressäuger auf Madeira ➤ S. 98

★ **PONTA DE SÃO LOURENÇO**
Wandervergnügen mit felsigen Überraschungen am östlichsten Zipfel Madeiras ➤ S. 100

Ilhéu do Guincho
7 Ponta de São Lourenço
5
Prainha
6 Quinta do Lorde
4 Caniçal
Museu da Baleia
Ilhéu da Cevada ou dos Desembarcadouros
Ilhéu do Farol
Praia de Machico
Machico S.96
Água de Pena
OCEANO ATLÂNTICO
2 km
1.24 mi

Was verbindet Camacha mit Ronaldo? Das Fußballspiel, das hier seinen Anfang nahm

CAMACHA

(□ N7) **Camacha ist eigentlich ein unscheinbares Dorf in höheren Gefilden. Doch in der höchstgelegenen Gemeinde Madeiras werden noch immer vereinzelt Körbe geflochten. Und was wäre aus dem fußballverrückten Portugal geworden, wenn ein Sprössling aus dem Ort nicht einst den Ballsport hier eingeführt hätte?**

1875 war das. Einer der Söhne der Weinhändlerfamilie Hinton hatte beim Studium in England das Fußballspielen kennengelernt und wollte es nun auch seinen Kumpels in Camacha zeigen. Und so lernten die Madeirer hier auf dem Dorfplatz als Erste im Land das Kicken, ohne das wohl heute kein Portugiese mehr auskommen würde.

Der 6250-Ew.-Ort liegt auf einem fruchtbaren Bergrücken, fast 700 m über dem Meer. Auf den Terrassenfeldern der Umgebung wachsen viele Apfelbäume, denen die feierfreudigen Dorfbewohner ihr alljährliches Apfelfest – und den spritzigen *cidra* (Apfelwein) – verdanken. An Folklore fehlt es nicht hier oben, tänzerisch und musikalisch gehören die Tanzgruppen zu den temperamentvollsten der Insel. Vielleicht hilft das „Warmtanzen" gegen die oft klamme Kälte auf dieser Höhe.

SIGHTSEEING

LARGO DA ACHADA

Auf dem von Kamelienbäumen gesäumten Dorfplatz erinnert eine Gedenktafel an das erste Fußballspiel auf portugiesischem Boden. An der Ostseite des Platzes steht neben dem Gesundheitszentrum noch die alte, dem heiligen Josef geweihte Dorfkapelle. Rechts daneben wurde ein kleiner Aussichtspunkt Richtung Südküste ange-

legt. Das Gebäude nebenan war früher das berühmte Korbflechterzentrum Café Relógio (benannt nach dem markanten Uhrenturm in der Mitte), doch diese Schauwerkstatt und Verkaufskooperative für Korbwaren schloss während der Coronapandemie endgültig ihre Pforten. Immerhin eröffnete die Gemeindeverwaltung ein kleines Marktgebäude auf dem *Largo da Achada (Mercadinho da Camacha | Do–So 9–19 Uhr)*. Hier findet man neben hübschen Schnittblumen, Obst und Gemüse auch eine kleine Auswahl an Körbchen und anderem Kunsthandwerk.
Eine weitere Gelegenheit, die berühmten Korbwaren von Camacha anzuschauen oder zu kaufen, gibt's bei *José Vime*. Der wochentags geöffnete Garagenverkauf befindet sich knapp 1,5 km nördlich des Dorfplatzes an der Hauptstraße Richtung Santo da Serra *(ER 102, Hausnummer 328)*.

IGREJA DA CAMACHA

Als die Dorfkapelle am Hauptplatz zu klein wurde, bekam die Gemeinde 1997 eine neue Kirche. Sie erinnert mit ihrer ungewöhnlichen Architektur ein klitzekleines bisschen an das von Oscar Niemeyer gebaute Kasino von Funchal – nicht ohne Grund sind die Einwohner Camachas sehr stolz auf ihr ausgefallenes Gotteshaus. *Tgl. 9–17 Uhr | Sítio da Igreja*

ESSEN & TRINKEN

RESTAURANTE O CESTO

„Der Korb" ist ein typisches familiäres Lokal der alten Schule: vorne Kneipe und Café, hinten der Speiseraum. Hier werden dir vor allem die Dorfbewohner selbst begegnen, sie essen deftige einheimische Gerichte wie z. B. eine wärmende Weizensuppe. Der Besitzer spricht gut Englisch und hilft dir bei der Auswahl. Die Suppe ist jedenfalls unbedingt zu empfehlen! *Do geschl. | Rua Maria Ascenção 95 | Tel. 291922068 | €*

RUND UM CAMACHA

1 CANIÇO

7 km/10 Min. mit dem Auto über die VE5

Gerade für deutsche Urlauber ist *Caniço de Baixo* mit seinen Hotelanlagen, Restaurants, Felsbadestellen und der Promenade zum Kiesstrand *Praia dos Reis Magos* ein beliebter Ferienort geworden. Das eigentliche Ortszentrum liegt 200 m höher als das Meer, es hat sich in den letzten drei Jahrzehnten von einem Zwiebelanbaudorf (an das nur noch das alljährliche Zwiebelfest im Mai erinnert) zu einer Stadt mit über 24 000 Ew. entwickelt. Ursprünglich sind wohl lediglich die schlichte *Pfarrkirche* aus dem 18. Jh. und ein paar Häuser rundherum.
Etwas unterhalb der Kirche erstreckt sich ein üppiger botanischer Garten mit grandiosen Aussichten auf den Atlantik. Die traumhafte Anlage gehört zum Hotel *Quinta Splendida (Estrada da Ponta da Oliveira 11 | Tel. 291930400 | quintasplendida.com)*. Du darfst sie jedoch auch als Nicht-Ho-

telgast besichtigen und die mit botanischen Namen gekennzeichneten Bäume, Blumen und Kräuter bewundern *(ab 5 Euro je nach Saison)*. Ein- bis zweimal in der Woche gibt es eine einstündige deutschsprachige Führung *(ab 8 Euro je nach Saison | Information zum Zeitpunkt und Reservierung über die Hotelrezeption)*.

Im 5-Elemente-Spa des neu gestalteten *Galoresorts (Tel. 2 91 93 09 48 | galoresort.com/spa)* erwartet dich ein – für Portugal eher unübliches – tolles Behandlungsangebot u. a. in

INSIDER-TIPP
Zen-Auszeit

Panoramasaunen (bio und finnisch) und fantastischen Ruheräumen mit tiefenentspannenden Aussichten aufs Meer.

Mach noch einen Abstecher zum *Cristo von Garajau!* Diese Christusstatue wacht schon seit 1927 über den Kiesstrand von *Garajau* und ist damit älter als ihr großer Bruder in Rio de Janeiro, außerdem hast du nach rechts einen tollen Blick auf Funchal. *N8*

2 PASSO DO POISO

9 km/18 Min. mit dem Auto über die ER203

Aus allen vier Himmelsrichtungen treffen auf dieser auf 1400 m gelegenen Passhöhe Straßen zusammen. Von hier geht es hinauf zum Pico do Arieiro, hinüber nach Santo da Serra, hinunter nach Funchal und nach Faial. Aus einem ehemaligen Hirtenunterstand an der Kreuzung ist das beliebte rustikale Restaurant *Casa de Abrigo do Poiso (Tel. 2 91 10 21 71 | €)* geworden, wo vor flackerndem Kaminfeuer die würzige Brotsuppe *açorda* und saftige Rindfleischspieße aufgetischt werden. *M6*

3 RIBEIRO FRIO

14 km/25 Min. mit dem Auto über die ER203/ER103

Am „kalten Bach", einige Kehren nördlich des Poiso-Passes hat die staatliche Forstbehörde eine Forellenzucht eingerichtet und um die Fischbecken herum einen kleinen botanischen Garten mit Kamelien und Lorbeerbäumchen angelegt (Eintritt 1 Euro). Die Fischbassins werden vom Wasser des Bachs gespeist. Durch ein raffiniertes Schleusensystem am Hang gelangen die Fische mit wachsender Größe von Becken zu Becken – bis man schließlich im großen Rundbecken die Riesenforellen bestaunen kann. Direkt nebenan serviert das urige Restaurant *Ribeiro Frio (tgl. 9–18 Uhr | Tel. 2 91 57 58 98 | €–€€)* frische und hausgeräucherte Forellen. Hinter dem Lokal liegt der Einstieg zur *Levada do Furado*, an deren Saum trittsichere Wanderer nach rund 11 km, immer wieder belohnt von wunderbaren Ausblicken auf die Nordküste, zum Portela-Pass gelangen. Wer einen kurzen Spaziergang bevorzugt, folgt dem gelben Hinweisschild „Balcões". Nach gut 30 Minuten ist die balkonartige Kanzel mit sensationellen Aussichten Richtung Hochgebirge und Meer erreicht. *M5*

SANTA CRUZ

(O–P 6–7) **Die meisten Touristen sehen das hübsche Küstenstädtchen (7100 Ew.) wohl nur von oben, wenige Sekunden vor der Landung**

Santa Cruz: Fischerboot-Idylle unter Dattelpalmen

auf dem direkt nebenan gelegenen Flughafen. Dabei lohnt es sich (trotz des Fluglärms) durchaus, einen Abstecher in das sympathische Santa Cruz zu machen.

Du schlenderst durch schmale, hübsch gepflasterte Gassen zum lauschigen Kirchplatz der 1533 erbauten *Igreja de São Salvador*, an der noch Steinmetzarbeiten aus manuelinischer Zeit zu sehen sind. Parallel zum Meer und zum Kiesstrand verläuft eine palmengesäumte Promenade. Bei all dem Flanieren solltest du nicht verpassen, der kleinen *Markthalle* einen Besuch abzustatten! Das Gebäude gibt auf den ersten Blick nicht viel her, doch es ist schön, den Einheimischen beim Einkauf über die Schulter zu schauen. Außerdem zeigt ein Azulejobild des portugiesischen Künstlers Outeiro Águeda Szenen aus der Landwirtschaft und der Fischerei.

ESSEN & TRINKEN

ROTA DOS SABORES

Hier bist du ganz eindeutig auf der Route des Wohlgeschmacks. Auf der Speisekarte des authentischen und auch bei Einheimischen beliebten Lokals stehen mediterran angehauchte Gerichte, saftige Snacks und ausgefallene Cocktails und Ponchakreationen. Wie wär's mal mit einer Kiwi- oder Waldfrüchteponcha? *Tgl. | Rua Conego Alfredo Cesar Oliveira 20 | Tel. 291 64 66 55 | €*

TABERNA DO PETISCO

Uriges Kneipenambiente, günstige Preise, gute Poncha, köstliche Tapas – was will man mehr? Ach ja, einen Platz brauchst du noch … Es hat sich unter den Insulanern rumgesprochen, wie gut es hier ist! *Mo geschl. | Rua Cónego César de Oliveira 23 | Tel. 291 64 35 25 | €*

STRÄNDE

Hinter der Markthalle beginnt das im Sommer sehr beliebte Areal der *Praia das Palmeiras (Eintritt frei)*, an der es nicht nur ein Kinderbecken, sondern auch Treppenzugänge ins Meer gibt. Eine wahre Attraktion – besonders für kleine Wasserratten – ist der *Aquaparque (Juli–Aug. 10–18 Uhr | Eintritt Erw. 15, Kinder 10 Euro | Ribeira da Boaventura | 3 Std.)* mit Pools, Rutschbahnen und künstlichen Wasserläufen. Hier lässt es sich aushalten.

MACHICO

(P5–6) **Lauschige Plätze und Gassen, eine einladende Uferpromenade und Machicos ganzer Stolz, der helle Sandstrand, laden dich zum Flanieren, Entspannen und Baden ein. Madeiras älteste Siedlung hat sich zu einer spannenden Kleinstadt (9830 Ew.) mit einer lebhaften Restaurantszene gemausert.**

Lang zieht sich der Ort in das breite und fruchtbare Tal hinein und die steilen Berghänge hinauf. Wenn du entlang der Levada do Caniçal bis tief in die letzten Winkel hineinwanderst, bekommst du einen tollen Eindruck davon: Nach jeder Kurve eröffnet sich dir eine neue Aussicht auf das Tal von Machico.

Diese Bucht war die erste, in der die Inselentdecker 1419 an Land gingen. Vermutlich waren sie aber nicht die Ersten: Der Legende nach war schon vorher ein englisches Liebespaar hier gestrandet, Anne Dorset und Robert Machyn. Aus dessen Nachnamen ist dann wohl der Ortsname Machico entstanden, weil die portugiesischen Entdecker ein verwittertes Holzkreuz mit diesem eingeritzten Namen gefunden

Domino spielt Mann auch in Machico mit Hingabe – Kiebitze werden in Kauf genommen

hatten. Was wohl aus Madeira geworden wäre, wenn Anne nicht kurz nach der unfreiwilligen Strandung gestorben wäre, sondern stattdessen ein paar (englische) Kinder geboren hätte?

SIGHTSEEING

IGREJA NOSSA SENHORA DA CONCEIÇÃO

Auf dem Platz vor der Kirche steht die Statue des Inselentdeckers Tristão Vaz Teixeira. Nur wenige Jahrzehnte nach seiner Ankunft im 15. Jh. errichtete man hier die Stadtkirche, kein geringerer als König Manuel I. stiftete die drei Marmorsäulen für das Seitenportal. Auch das Hauptportal trägt noch Verzierungen aus manuelinischer Zeit: fratzenhafte Gesichter, die das Böse und das Gute symbolisieren. Im Innern wurde das Gotteshaus in der Barockzeit kräftig umgestaltet, original erhalten sind nur die beiden Seitenkapellen, von denen eine das Wappen der Familie Teixeira trägt.

CAPELA DOS MILAGRES

Am von hohen Birkenfeigen beschatteten Platz *Largo dos Milagres* ist bereits im Jahr 1420 die erste Kirche Madeiras überhaupt errichtet worden. Die heutige „Kapelle der Wunder" stammt von 1810. Der Vorgängerbau fiel – bis auf Giebelwappen und Spitzbogenportal – einer Hochwasserkatastrophe zum Opfer. Seeleute fanden aber wunderbarerweise die von den Fluten ins Meer geschwemmte Jesusstatue wieder. Ein Gemälde links des Altars schildert diese Begebenheit, die alljährlich im Oktober – zum Jahrestag der Überschwemmung 1803 – für ein rauschendes Fest sorgt.

FESTUNGEN

Mit drei Forts versuchten die Bewohner Machicos im 18. Jh. ihre leicht zu erreichende Bucht vor Piratenüberfällen zu schützen. Zwei dieser Festungen sind erhalten: das nicht zugängliche *Forte de São João Baptista* im Osten und das dreieckige *Forte de Nossa Senhora do Amparo,* in dem du Burggraben und Kanonen siehst. Nur einen Steinwurf entfernt von Letzterem zieht sich die neu gestaltete Uferpromenade entlang, zwischen dem Komplex des multifunktionalen Kulturzentrums *Forum Machico* und der Mündung des Machico-Flusses.

PICO DO FACHO

Die Bucht von Machico wird nach Osten vom spitzen „Fackelberg" begrenzt, der seinen Namen in der Zeit der Piratenangriffe erhielt. Wachposten entzündeten dort oben Warnfeuer. Man erreicht den Berg über eine kleine Straße, die am Caniçal-Tunnel beginnt und auf die 322 m hohe Kuppe führt. Von oben hat man eine grandiose Aussicht auf die Bucht von Machico und den Flughafen, aber auch Richtung Caniçal und die Ponta de São Lourenço. Am Wochenende steht der Berg bei einheimischen Picknickern hoch im Kurs. 📖 *P5*

ESSEN & TRINKEN

BAÍA BEACH CLUB

Mit bestem Blick auf die Bucht und den Yachthafen sitzt du auf der Terrasse des Beach Clubs direkt am Meer, genießt deinen Eisbecher, deinen Sundowner oder köstliche Snacks – und das Leben. So chillig kann Urlaub sein. *Tgl. | Porto de Recreio | Mobiltel. 924433948 | Facebook: baiabeach club | €*

PASTELARIA GALÃ

Das Lokal ist eine sympathische Mischung aus Bar, Konditorei (mit leckeren Küchlein) und Restaurant. Dank der günstigen Preise und der guten Küche trifft man hier vor allem Einheimische. *Mo geschl. | Rua General António Teixeira de Aguiar 1/3 | Tel. 291965720 | €*

RESTAURANTE LILY'S

Eine kulinarische Offenbarung, dieses fantastisch oberhalb von Machico gelegene Restaurant! Lily kümmert sich hingebungsvoll um dein Wohl und bietet z. B. eine köstliche Fischsuppe, Rindfleisch in Madeirasauce oder den „Catch of the Day" an. *Mo geschl. | Estrada D. Manuel I 170 | Caramanchão | Tel. 291964014 | restaurantelilys.com | €€*

STRÄNDE

Machicos größte Errungenschaft ist der helle Sandstrand, die *Praia de Machico*, der innerhalb einer Schutzmole mit Sand aus Afrika aufgeschüttet wurde und im Sommer für tollen Strandspaß sorgt. Du kannst bis zur blauen Badeinsel schwimmen oder im seichten, warmen Wasser dümpeln. Wirklich ein herrlicher Strand …

RUND UM MACHICO

4 CANIÇAL

5,5 km/12 Min. mit dem Auto über die ER109

Fischerei, Walfang und Bootsbau prägten lange Zeit Madeiras östlichste Gemeinde (3550 Ew.), heute bestimmen die große Freihandelszone und der Frachthafen das Leben der rapide wachsenden Siedlung. An die Vergangenheit Caniçals als große Walfangstation erinnert das ★ *Museu da Baleia (Di–So 10–18 Uhr | Eintritt 10 Euro | Rua Garcia Moniz 1 | museudabaleia.org | 2 Std.)*. Modern und interaktiv porträtiert das Museum die beeindruckenden Pottwale und dokumentiert die Geschichte des Walfangs auf Madeira, der erst in den 1980er-Jahren eingestellt wurde – vom Fang mit der Handharpune von kleinen Ruderbooten aus bis zur Verarbeitung

der Beute. Über Kopfhörer bekommst du alle Informationen auch auf Deutsch. Ein Paradies für Fisch- und Meeresfrüchte-Aficionados ist die kneipenähnliche *Muralha's Bar (Tel. 291961468 | €)* gegenüber der Schwimmbadzone. Abends stehen die (meist einheimischen) Gäste an, um sich durch die Petiscos (Tapas) aus dem Meer zu probieren. *Q5*

5 PRAINHA

10 km/10 Min. mit dem Auto über die VR1

Der kleine, schwarze Sandstrand Prainha östlich von Caniçal beglückt schon seit Generationen sandstrandsüchtige Madeirer: es ist eine der ganz wenigen Stellen der Insel, wo sich ein natürlicher Badestrand aus Vulkansand gebildet hat, dementsprechend voll wird es im Sommer auf dem Parkplatz, in der Strandbar und im Sand. Wenn du im Winter kommst, darfst du dich nicht erschrecken: Die starken Wellen holen sich dann manchmal den ganzen Sand und lassen nur noch Felsen zurück, passend zur Badesaison bringt das Meer das wertvolle Gut dann zurück. Wenn kein Badewetter ist, kannst du auch den Hügel direkt nebenan erklimmen, so wie es alljährlich im September die Fischer machen, die mit einer Statue der Senhora da Piedade übers Meer zu der kleinen Kapelle hinaufpilgern. *Q5*

6 QUINTA DO LORDE

11 km/12 Min. mit dem Auto über die VR1/ER109

Dieses Projekt war ziemlich umstritten – wer hat die Genehmigung erteilt, in dieser eigentlich mal als Naturpark Madeira klassifizierten Bucht eine künstliche Timesharing-Siedlung (inklusive Dorfkirche) für reiche Ausländer zu bauen? Entsprechend lange hat die Fertigstellung gedauert, und derzeit ist das gesamte Resort schon wieder geschlossen.

Traumstrand Prainha: Hier will man nur ins Meer springen

Fast senkrecht stürzt die Küste an der Ponta de São Lourenço ins Meer

Segler ankern allerdings noch in der modernen Marina, in der du auch ein Café findest. Außerdem – und das ist eigentlich das Beste an der Quinta do Lorde: Hier starten die Bootsausfahrten von *Madeira Sea Emotions (Mobiltel. 9 10 30 88 04 | madeiraseaemotions.com)*. Mit flotten Zodiacs geht's zur *Casa do Sardinha* auf der Ponta de São Lourenço (s. u.) bis hinaus zum Leuchtturm oder auf Wal- und Delfinbeobachtung. Q5

7 PONTA DE SÃO LOURENÇO ★

12 km/15 Min. bis Baía de Abra, mit dem Auto über die VE1/ER109

Karg und windig gibt sich die Ostspitze Madeiras, schuld sind die ersten Siedler, die hier schon früh alles abgeholzt haben, und die Ziegen, die später jegliches Grün sofort wegfraßen. So prägen heute kahle Kuppen, die im Frühjahr jedoch von einem phänomenalen Blütenteppich überzogen werden, das Landschaftsbild, und bizarre, wie von Kinderhand hingewürfelte Felsen steigen ockerfarben, rostrot, grau und grünschwarz aus dem türkisblauen Meer auf.

Einen Picknickplatz mit prächtiger Aussicht auf Meer, Nordküste und Landzunge gibt es an der *Ponta do Rosto*. Die Zufahrtsstraße zur Ponta de São Lourenço endet an einem Wanderparkplatz oberhalb der *Baía de Abra*. Die etwa dreistündige Wanderung zur östlichen Inselspitze (und zurück) eröffnet dir immer wieder andere Blicke auf die Landschaft.

Den besten Blick auf die vorgelagerten Felsinseln und den 1870 errichteten Leuchtturm hast du von der Doppelspitze der 125 m hohen *Ponta do Furado,* der „durchlöcherten Spitze", wie die Erhebung aufgrund ihrer vom Meer geformten Felslöcher genannt wird. Der Aufstieg ist sehr steil, die spektakuläre Aussicht lohnt den Schweiß. In der *Casa do Sardinha*, dem Haus der Parkwächter des Schutzgebiets, ist ein kleines Besucherzentrum und das *Nature Spot Café* (mit kostenpflichtigem WC) untergebracht. Im Schatten der Palmen lässt es sich gut picknicken. Möchtest du nur bis hierher wandern, nimm doch ein Wassertaxi von *Madeira Sea Emotions* zurück zur Quinta do Lorde (s. o.). *Q–S5*

8 PORTELA

9 km/16 Min. mit dem Auto über die VE1/ER108

Das lang gezogene Straßendorf markiert die Wasserscheide der Insel. Der Ortskern besteht aus einem Taxistand, einer Bushaltestelle, dem rustikalen (und sehr empfehlenswerten!) Fleischspieß-Restaurant *Portela à vista (Tel. 2 91 96 31 89 | €)* und einem Miradouro. Von hier bietet sich dir ein grandioser Blick auf den Adlerfelsen Penha de Águia an der Nordküste. Etwas oberhalb des Restaurants beginnt ein Wanderweg, der in ca. 3 Std. über die Fajã dos Rolos nach Maroços führt. *N5*

9 SANTO DA SERRA

8 km/17 Min. mit dem Auto über die ER108

Schon lange bevor Robert Trent Jones den ersten Golfplatz Madeiras für Santo da Serra (eigentlich Santo António da Serra) entwarf, lockte es viele Auswärtige in die anmutige, meist von einer frischen Brise durchwehte Hügellandschaft, in die der Ort (8200 Ew.) eingebettet liegt. Zuckerbarone und andere begüterte Herrschaften erbauten hier ihre Sommersitze. Darunter war auch die aus England eingewanderte Weinhändlerfamilie Blandy. Ihr Anwesen *Quinta do Santo da Serra* nahe der Kirche ist inzwischen öffentlich (Eintritt frei); den riesigen Garten nutzen die Madeirer gern für ein Picknick. Im hinteren Teil des Gartens bietet der *Miradouro dos Ingleses* ein prächtiges Panorama des Inselostens. Die Blandys beobachteten einst von hier aus den Schiffsverkehr.

INSIDER-TIPP
Blendende Aussicht bei Blandys

Sonntags findet in Santo da Serra ein Bauernmarkt statt, zu dem die Insulaner von nah und fern zum Obst-, Gemüse- und Krimskrams-Shoppen kommen. Auch Pflanzen für den Garten und Kleidung wird angeboten.. *O5*

SCHÖNER SCHLAFEN IM OSTEN

FLOWER POWER PUR!

Der Duft der Blumen durchströmt die Apartments der *Quinta Splendida*, im Hotelrestaurant oder im Gourmetlokal *La Perla* im alten Herrenhaus wirst du mit frischen Kräutern aus dem Garten verwöhnt, und auf dem Weg zum Pool und zum Spa wandelst du durch eine sensationelle Parkanlage, die dem Botanischen Garten in nichts nachsteht. *166 Zi. | Estrada da Ponta da Oliveira 11 | Caniço | Tel. 2 91 93 04 00 | quintasplendida.com | €€–€€€)*

PORTO SANTO

SAND SATT!

***Dourada,* die Vergoldete, nennen die Einheimischen ihre Insel, natürlich wegen des auf dem Archipel einzigartigen, fast 9 km langen Strands aus hellem, feinem Sand.**

Allerdings hat Porto Santo auch sonst fast nur „goldene" Farbtöne zu bieten: Bäume sind auf der trockenen, kargen und felsigen Insel nämlich abgesehen von ein paar Aufforstungen Mangelware. Über die Jahrhunderte hat man es geschafft, die einst von Drachenbäumen überwucherten Hänge ziemlich radikal zu roden.

So geht Urlaub: Chillen am goldenen Porto Santo Beach

Die heute rund 5150 Inselbewohner haben sich mit ihrer Landschaft arrangiert. Hier und da wächst etwas Wein, ansonsten lebt man vom sommerlichen Strandtourismus. Dann herrschen hier karibische Zustände – inklusive gut gefüllter All-inclusive-Resorts und Strandbars. Wer sich nicht nur in der Sonne wenden möchte, kommt außerhalb der Sommerferien: Das Wetter ist gut, das Meer im Herbst am wärmsten und die Preise wieder normal. Außerdem entdeckt man dann vielleicht beim Wandern so manche grüne Ecke der Insel!

PORTO SANTO

Ilhéu da Fonte da Areia
OCEANO
ATLÂNTICO
PORTO SANTO
Quinta das Palmeiras 5
Campo de Baixo
Pico de Ana Ferreira 6
6,6 km, 30 Min.
ER111
Ilhéu de Ferro
7 Praia do Zimbralinho
8 Ponta da Calheta

MARCO POLO HIGHLIGHTS

★ CASA COLOMBO – MUSEU DO PORTO SANTO

Hier werden Erinnerungen an Kolumbus, den Seefahrer, aufbewahrt, der in diesem Haus einige Zeit lebte ➤ S. 106

★ PRAIA DO PORTO SANTO

Vom Hauptort bis zur Ponta da Calheta zieht sich der lange, feinsandige Strand, magischer Anziehungspunkt für die Sommergäste ➤ S. 108

VILA BALEIRA

(🕮 V-W11) **Nicht wundern, wenn du in der niedlichen Inselhauptstadt eher Dorfgefühle hast. Mit rund 2500 Ew. ist Vila Baleira ja auch nicht viel größer als ein Dorf. Aber dafür ein ganz besonders schönes!**

Zumindest gilt das für den historischen Kern mit seinen weißen Häusern, in deren Schatten sonnengebräunte alte Männer beim Dominospiel sitzen oder sich ein buntes Völkchen auf einen Kaffee trifft. Rund die Hälfte der Inselbewohner lebt in der Minimetropole, in der es immerhin mehrere Banken und Supermärkte gibt und deren Takt vom Kommen und Gehen der Madeira-Fähre Lobo Marinho *(portosantoline.pt)* bestimmt wird. Alles wirkt etwas verschlafen, bis Vila Baleira dann im Juli aus dem Dornröschenschlaf erwacht: Im Sommer tummeln sich plötzlich zahlreiche Touristen (die meisten kommen von Madeira oder vom portugiesischen Festland) in den lauschigen Gassen rund um den *Largo do Pelourinho* und an der von Palmen gesäumten Strandpromenade.

SIGHTSEEING

LARGO DO PELOURINHO

INSIDER-TIPP
Soft & Lecker

Am Platz des „Schandpfahls" solltest du dir als Erstes das berühmteste Eis der Insel kaufen: Schon seit 1958 schleckt man hier „Lambecas"! Gestärkt geht's weiter. Die schönsten Gebäude der Altstadt bilden zusammen mit den Palmen und der aufwendig gepflasterten Windrose ein äußerst fotogenes Ensemble. Besonders hübsch ist das von Drachenbäumen gesäumte ehemalige *Rathaus* (Casa da Câmara), ein tolles Beispiel für die portugiesische Architektur der Renaissance. Erbaut im 16. Jh., wurde es allerdings später mehrfach verändert. Der Eingang, über dem Landeswappen und Königskrone prangen, liegt im ersten Stock, zwei Treppenaufgänge führen hinauf.

Von ihrem Absatz hast du den besten Blick auf das Treiben auf dem lauschigen Largo do Pelourinho und auf die weiße Fassade der Pfarrkirche *Nossa Senhora da Piedade* nebenan, die von meeresblauen Azulejomedaillons geziert wird. Nach ihrer Errichtung im 15. Jh. war das Gotteshaus immer wieder Attacken von Piraten ausgesetzt. Daher blieb vom Ursprungsbau nur die Morgada-Kapelle an der Südseite erhalten. Ihre heutige Barockgestalt verdankt die Kirche verschiedenen Baumeistern des 17. Jhs. Sehenswert ist ein Altarbild von Max Römer. Der deutsche Maler besuchte Porto Santo in den 1940er-Jahren mehrmals.

CASA COLOMBO – MUSEU DO PORTO SANTO ★ ☂

Porto Santos' bis dato berühmtester Inselbesucher war wohl Christoph Kolumbus. Er heiratete um 1480 Filipa Moniz, eine späte Tochter des Inselentdeckers Bartolomeu Perestrelo, der Madeira in den ersten Jahren als Gouverneur verwaltete. Man nimmt an, dass Kolumbus

Casa Colombo: Zu Hause ist's am Schönsten? Nicht für Kolumbus!

mit Filipa in diesem Haus lebte. Damals war er noch Zuckerhändler, doch es wird gerne erzählt, dass er während der Zeit auf der Insel aufmerksam das Meer beobachtete und bereits hier die ersten Pläne für seine spätere Atlantiküberquerung machte – vielleicht ja im netten Innenhof …

Im Kolumbus-Haus ist heute das Inselmuseum untergebracht. Es versammelt Exponate zur Schifffahrt und zur Geschichte Porto Santos, vor allem aber Stücke, die sich um das Leben und Wirken des berühmten Entdeckers ranken: Schiffsmodelle, Seekarten, Porträtstiche. Das Haus bietet viele spannende Hintergründe zur spanischen und portugiesischen Seefahrerzeit. *Di geschl., im Sommer tgl. | Eintritt 2 Euro | Travessa da Sacristia 2–4 | Facebook: casacolombomuseudoportosanto | ⏲ 30 Min.*

ESSEN & TRINKEN

O FORNO

Wenn du auch auf Porto Santo mal so richtig gute Fleischspieße essen möchtest, besuchst du am besten dieses solide Grillrestaurant. *Tgl. | Av. Henrique Vieira de Castro | Tel. 291984035 | Facebook: oforno.oforno.9 | €€*

CASA D'AVÓ

Unweit der Hotels von Campo de Baixo gibt's im „Haus der Großmutter" bodenständiges Essen – wie bei Oma eben. Besonders lecker ist die *feijoada de marisco* (Meeresfrüchte-Eintopf). Verzichte danach keinesfalls auf eines der köstlichen Desserts! Wer nicht in Laufnähe nächtigt, kann auch einen Transferservice zu dem gemütlichen gelben Haus hinter den drei Palmen in Anspruch nehmen. Nur Abendessen. *So geschl. | Campo de Baixo | Tel. 291982037 | €€*

PÉ NA ÁGUA

Hier sitzt du tatsächlich fast mit einem „Fuß im Wasser" oder zumindest im Sand! Das Strandlokal serviert vor allem frischen Fisch, du bekommst aber auch ein kühles Nachmittagsbier. Im Sommer ist abends noch lange was los, oft gibt es Livemusik oder DJ-Acts. *März–Nov., Di geschl. | Sítio das Pedras Pretas | Tel. 291983303 | Facebook: penaaguaportosanto | €€*

SHOPPEN

An der Rua João Gonçalves Zarco gibt es eine Reihe Geschäfte und Boutiquen, einen Supermarkt *(Pingo Doce)* findest du an der Hauptstraße *(Av. Dr. Manuel Gregório Pestana Jr.)*. Nebenan werden im *Centro de Artesanato*, in dem auch die Touristeninfo untergebracht ist, kleine Windmühlen, Strohhüte und Kreationen aus Muscheln angeboten.

STRÄNDE

Bereits am Hafenbecken beginnt der goldgelbe Sandstrand ★ *Praia do Porto Santo*, der sich bis zur *Ponta da Calheta* *(U12)* zieht. Es ist mit Abstand der schönste Strand, den der Madeira-Archipel zu bieten hat – dank ihm wird Porto Santo im Sommer von sonnen- und sandsüchtigen Urlaubern bevölkert. Westlich von Vila Baleira wird er breiter, ab hier ist der Strand auch abschnittsweise bewacht, es gibt Toiletten, Duschen (kostenpflichtig) und Snackbars.

WELLNESS

Sand sei Dank hat Porto Santo im Gegensatz zu seiner grünen, fast sandlo-

Die Praia do Porto Santo ist das Eldorado der Sandstrandurlauber

sen Schwester ein goldenes As im Ärmel. Davon profitieren vor allem die badefreudigen Inselbesucher, aber auch die Hotels, die in ihren Spas Thalasso-Therapien anbieten. Der geschmeidige Sand stammt aus pulverisierten Korallenriffen und zerriebenen Muschelschalen und enthält wertvolle Minerale, denen therapeutische Heilkräfte bei orthopädischen und rheumatischen Beschwerden nachgesagt werden. Probier's aus, zum Beispiel im ☂ *Thalasso-Therapiezentrum* des Hotels Vila Baleira *(vilabaleira.com/thalasso)*.

SPORT & SPASS

Es gibt Leute, die denken, auf Porto Santo könne man nur Sandkörner zählen, sich hin und wieder im Wasser abkühlen und vielleicht mal etwas Beachvolleyball spielen. Na gut, einige denken vielleicht auch an den von der Golflegende Severiano Ballesteros entworfenen 18-Loch-Golfplatz *Porto Santo Golfe (portosantogolfe.com)*.

Dabei gibt es auf Porto Santo noch mehr zu erleben, vor allem im Sommer, wenn du am Strand Wellenreiten, Kite- und Windsurfen oder Stand-up-Paddeln bei *On Water Academy (Cabeço da Ponta | Mobiltel. 964838535 | Instagram: onwateracademy)* lernen kannst.

Zur Inselerkundung bietet *Lazermar (Mobiltel. 963501488 | lazermar.com)* organisierte Touren, z. B. als Jeepsafari oder zu Fuß an. Die Entfernungen auf Porto Santo sind sehr kurz, und so kommst du schnell vom Wandern am Pico Branco im äußersten Nordosten zum Baden an der Ponta da Calheta am Ende des langen Sandstrands.

PORTO SANTO HORSERIDING TOURS

Das Team um Matias, Isa und die Vierbeiner beschert dir einen tollen Ausflug hoch zu Ross – egal, ob du blutiger Anfänger oder Profireiter bist. *Portela, nahe den Windmühlen | Mobiltel. 911798989*

RADFAHREN

Über den Radweg, der parallel zum Strand angelegt wurde, kannst du gemütlich die halbe Insel abradeln. Und wenn du dir ein ordentliches Mountainbike ausleihst, ist auch der hügelige Rest kein Problem! Räder gibt's bei *Auto Acessórios Colombo.*

INSIDER-TIPP
Mit dem richtigen Antrieb übern Berg

Historische Windmühlen sind der Farbtupfer in der kargen Landschaft bei Portela

Vila Baleira | Av. Vieira de Castro 64 | Tel. 291984438 | aacolombo.com

TAUCHEN

Porto Santo hat sich zu einem Paradies für Sporttaucher entwickelt: In den klaren und relativ warmen Gewässern lassen sich viele Meerestiere beobachten, doch vor allem Wracktauchgänge an den versenkten Schiffen sind ein Unterwasser-Highlight. Korallen und viele Fische haben sich inzwischen in diesen künstlichen Riffen in 30 m Tiefe eingenistet. Tauchgänge, -kurse und Schnuppertauchen bietet z. B. *Rhea Dive (im Hotel Vila Baleira | Mobiltel. 939333777 | rheadive.com).*

SCHNORCHELN

Wenn du mal an richtig tollen Stellen schnorcheln möchtest – Matias Teixeira führt dich hin: *Porto Santo Destination Tours (Mobiltel. 911798989 | portosantodestinationtours.com).* Auch für die passende Ausrüstung wird gesorgt *(35 Euro/ 3-Stunden-Tour).* Ein besonderes Erlebnis ist die nächtliche Schorcheltour (50 Euro), kaum zu glauben, was nachts alles los ist unter der Wasseroberfläche!

WANDERN

Es gibt zwei lohnenswerte markierte Wanderwege: Die *Vereda do Pico Branco e Terra Chã* (PR1) führt in den aussichtsreichen Nordostzipfel (hin und zurück 5,4 km), über die *Vereda do Pico Castelo* (PR2) umrundet man auf 4,6 km den Pico do Facho, die höchste Erhebung der Insel. Vom Pico do Castelo aus hat man dabei einen tollen Ausblick auf Vila Baleira und (manchmal) Madeira.

AUSGEHEN & FEIERN

Im Sommer verwandeln sich die Strandcafés am Abend in tolle Ausgehlokale. Besonders lecker ist die Caipirinha in der Piratenbar *O Corsário Beach Bar (Rua Goulart Medeiros 164 | Facebook: corsarioportosanto)*, aber auch in der loungigen *Bar do Henrique (Praia do Ribeiro Cochino | Facebook: bardohenriqueportosanto)* geht in den lauen Sommernächten die Post ab. Generell gilt: Die meisten Beachbars sind nur im Sommer geöffnet, dann aber jeden Tag und bis spät in die Nacht!

CHALLENGER

In diesem Club kannst du dich zu Electro, Hiphop und anderer Dancemusic austoben. *Nur am Wochenende (im Winter nur Sa) | Rua Estêvão Alencastre | Facebook: challengerclub1989*

WINE BAR 3V'S

Die gemütliche Weinbar serviert Porto-Santo-Wein aus eigener Herstellung, köstliche Sangria und schmackhafte Petiscos – hier kann der Abend schon mal lang werden. *Juni–Okt. 11–24 Uhr | Rua Gregório Pestana 8 | Mobiltel. 9 17 85 67 99 | Facebook: 3vsportosanto*

RUND UM VILA BALEIRA

1 PORTELA

3 km/6 Min. mit dem Auto über die ER111 und ER233

Eine kräftige Brise weht an vielen Tagen im Jahr über Porto Santo. Diesen Umstand machten sich ihre Bewohner bereits vor vielen Jahrhunderten zunutze und bauten Windmühlen, um das damals noch reichlich vorhandene Korn der Insel zu mahlen. Wann genau die erste Mühle errichtet wurde, ist strittig. Anfang des 20. Jhs. wird von 30 *moinhos* auf Porto Santo berichtet. Inzwischen sind die meisten verfallen, doch drei alte Mühlen auf dem Hochplateau Portela hat man äußerst fotogen restauriert.

Einen fantastischen Sonnenuntergangsspot findest du ein paar Meter weiter auf dem *Miradouro da Portela*. Das passende Lokal dazu gibt's gleich dazu: *Panorama Restaurant & Lounge Bar (nur abends, Mo. geschl. | Estrada Carlos Pestana Vasconcelos | Mobiltel. 9 66 78 96 80 | panorama-restaurante.pt | €€)*. Hier ist der Name Programm. In dieser loungig-gemütlichen Atmosphäre und bei der grandiosen Aussicht schmecken die kunstvoll zubereiteten Gerichte noch besser als sowieso schon. Achtung, die Fensterplätze sind schnell vergeben, daher unbedingt rechtzeitig reservieren! *W11*

2 SERRA DE FORA & SERRA DE DENTRO

5,5 km/10 Min. bis Serra de Fora, mit dem Auto über die ER233

Die Hügellandschaft im Osten gibt sich besonders karg und einsam. Am Ortsausgang des verschlafenen Mikro-Örtchens *Serra de Fora* *(W11)* lässt sich das steinerne Rund eines traditionellen Dreschplatzes *(eira)* erkennen. Es erinnert an die Zeit der Seefahrer, als Porto Santo die portugiesischen Schiffe auf dem Weg nach Afrika mit Getreide versorgte. Einen passenden „Hafen" dazu findest du, wenn du abbiegst zum *Porto dos Frades.*

INSIDER-TIPP
Im Hafen baden

Hier kannst du an der *Praia Porto dos Frades* sogar herrlich baden!

2 km nördlich davon liegt die *Serra de Dentro* (W10) zwischen den kahlen Kegeln des Pico Gandaia, des Pico do Cabrito und des Pico do Facho, des höchsten Gipfels (517 m) der Insel, von dessen Spitze einst Leuchtfeuer von nahenden Schiffen kündeten. Ursprünglich war dies die wasserreichste Zone Porto Santos. Heute lebt jedoch niemand mehr in den grauen, teils verfallenen Basaltblockhäusern. *W11/W10*

3 CAMACHA

4 km/8 Min. mit dem Auto über die ER111

Rund um Camacha reifen Tafeltrauben, hier werden auch manche der Inselweine produziert. In Camacha gibt´s übrigens mit dem *PXO Grill (Tgl. | Estrada Domingos d'Ornelas | Mobiltel. 964910623 | €€)* ein tolles, loungiges Restaurant mit hervorragenden Grillgerichten.

INSIDER-TIPP
Gegrilltes für Planespotter

PXO ist der Flughafencode von Porto Santo, das Restaurant nämlich bietet besten Flughafenblick!

Einst nutzten die Einheimischen die Süßwasserquelle *Fonte da Areia* kurz hinter Camacha als öffentlichen Waschplatz, sogar Heilkräfte wurden dem angeblichen Jungbrunnen nachgesagt. Heute gehört die „Sandquelle" aufgrund ihrer besonderen Geologie zu den zehn ausgewiesenen „GEOssítios" der Insel. *V10*

4 PICO DO CASTELO

4 km/9 Min. mit dem Auto über die ER111 bis zum Miradouro

So muss ein Vulkan aussehen! Dagegen ist die Kuppe des Pico do Facho nebenan eher unspektakulär. Der 437 m hohe „Burgberg" beeindruckt mit seiner spitzen Vulkankegelform sehr. Zu seinen Füßen wurde ein hübscher *Miradouro* angelegt, hier kommt man gut mit dem Auto hoch und kannt die phänomenale Aussicht genießen. Wen ein schweißtreibender Aufstieg über unzählige Stufen nicht abschreckt, steigt dem Vulkan auch noch auf seine Spitze, die rund 180 Höhenmeter legt man in einer knappen halben Stunde zurück und erfährt so, dass dieser Berg der Bevölkerung tatsächlich mal als Schutz- und Verteidigungsanlage diente – davon zeugen nämlich die vielen alten Mauern und das Kanonenrohr am Aussichtspunkt. *V10*

5 QUINTA DAS PALMEIRAS

5 km/11 Min. mit dem Auto über die ER120

Tatkräftige Menschenhände haben auf der Insel eine Oase inmitten der Wüste geschaffen: In dem kleinen botanischen Garten mit Minizoo wimmelt es von exotischen Vögeln – frei fliegend, in Käfigen sowie auf Stangen. *Tgl. 10–13 und 15–17 Uhr | Eintritt 3 Euro | Sítio dos Linhares | Facebook: quintadaspalmeirasportosanto | 1 Std. | U11*

6 PICO DE ANA FERREIRA

6 km/10 Min. mit dem Auto über die ER111 bis zur Basaltwand

An der Nordflanke dieses Hügels siehst du eine wunderschöne Formation eckiger Basaltsäulen. Klar, dass diese eindrucksvolle Basaltorgel zu den zehn ausgewiesenen GEOssítios der Insel gehört – eine Tafel erklärt ihre vulkanische Entstehung. *U12*

7 PRAIA DO ZIMBRALINHO

6 km/11 Min. mit dem Auto über die ER111 und eine Offroad-Piste

Der Weg in diese traumhafte Felsbucht ist nicht ganz einfach: Kurz bevor du über die ER111 die Ponta da Calheta erreichst, führt rechts eine einfache, im weiteren Verlauf nicht asphaltierte Straße hinauf. Sie macht eine Linkskurve und führt eigentlich in einem Bogen zum Miradouro das Flores oberhalb der Ponta da Calheta. Du fährst aber vorher geradeaus, und nicht links zum Aussichtspunkt und hältst am Ende der Piste. Nun geht's zu Fuß weiter, ein Trampelpfad führt hinunter in die kleine, felsige Bucht, in der du in kristallklarem Wasser baden und schnorcheln kannst. Auch wenn diese Idylle inzwischen kein Geheimtipp mehr ist: bei schönem Wetter gibt es auf Porto Santo kaum eine bessere Badestelle. *U12*

8 PONTA DA CALHETA

6 km/13 Min. mit dem Auto über die ER111

Hier ist Porto Santos Strand zu Ende. Doch zum Greifen nah liegt vor der Südwestspitze der Insel die *Ilhéu da Cal* mit ihren bizarren Kalksteinformationen. Manchmal schießt das Wasser in hohen Fontänen aus einem ihrer Felsen. Schön chillig ist es auf der Esplanade des Fischrestaurants *Ponta da Calheta (im Winter zeitweise geschl. | Tel. 291985322 | Facebook: pontada calheta | €€)*. Vom *Miradouro das Flores*, knapp 170 m höher, hast du einen sensationellen Rundumblick über den gesamten Süden der Insel und manchmal bis nach Madeira. Nicht weit von hier liegt die *Adega das Levadas (im Sommer tgl., sonst unregelmäßig | Rua Morenos | Tel. 291982557 | €–€€)*, eine urige Adresse für Fleischspieße, hausgemachtes Brot und schweren *vinho do Porto Santo* aus dem eigenen Weingarten. *U12*

Elegante weiße Callas in der Quinta das Palmeiras

ERLEBNIS TOUREN

Lust, die Besonderheiten der Region zu entdecken? Dann sind die Erlebnistouren genau das Richtige für dich! Ganz einfach wird es mit der MARCO POLO Touren-App: Die Tour über den QR-Code aufs Smartphone laden – und auch offline die perfekte Orientierung haben.

1 PICO DO ARIEIRO / PICO RUIVO – MADEIRAS HÖCHSTE GIPFEL

- Kühle Bergluft auf 1800 Meter schnuppern
- Über schmale Himmelspfade von Gipfel zu Gipfel wandern
- Spektakuläre Aussichten in die Täler genießen

Pico do Arieiro	Achada do Teixeira
11 km	1 Tag, reine Gehzeit 5 Studen
Schwer	800 m

Im Winter sind Sperrungen durch Bergrutsche oder Steinschläge möglich. Bei Regen, starkem Wind oder Schneefall ist der Weg nicht gangbar.

Dramatik pur bietet der Blick von der Aussichtskanzel am Pico do Arieiro

DIE BERGE RUFEN!

Und was für welche. Also, Wanderschuhe schnüren, und los geht's zur ★ Wanderung zu den zwei Gipfeln! Die anstrengende, aber bei gutem Wetter wunderschöne Tour ist nichts für Langschläfer. Sie beginnt früh am Morgen am dritthöchsten Gipfel Madeiras, am Parkplatz zum ① **Pico do Arieiro** ➤ S. 85. Um zum Startpunkt zu kommen, benötigst du einen Fahrservice (z. B. ein Taxi: Von Funchal zum Pico do Arieiro bzw. von Achada do Teixeira zurück nach Funchal kostet die Fahrt inkl. Wartezeit 150 Euro.), da es hier keine öffentlichen Verkehrsmittel gibt. Für den Rückweg zum Hotel musst du vorab ein Taxi zum Parkplatz Achada do Teixeira bestellen *(Taxistand Santana: Tel. 291572540)*.

① Pico do Arieiro
900 m 20 Min.

Ab 9 Uhr füllt sich der Parkplatz Achada do Teixeira mit Ausflugsbussen und Mietwagen. Wer früh kommt, kann die fantastische Morgenstimmung hoch über den Tälern genießen, wenn der Morgennebel langsam die Bergspitzen freigibt. Ein perfekter Zauber. Vorbei am umstrittenen Nato-Radarpilz und am **Touristenzentrum** mit Souvenirladen,

INSIDER-TIPP
Die Nebel vom Arieiro

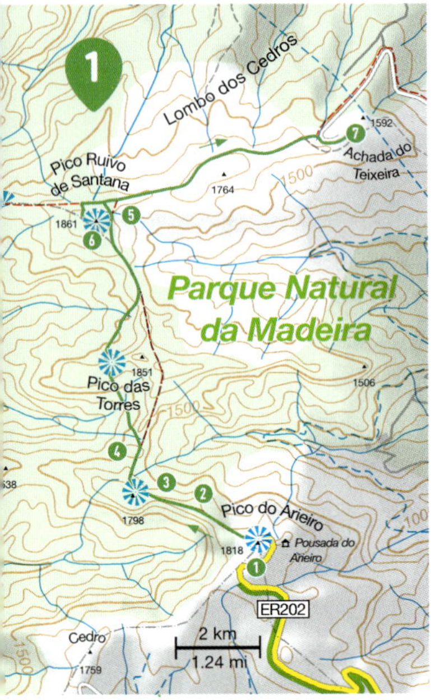

Café und Toilette geht es *zunächst ein paar Stufen hinauf* zum Gipfel des Arieiro. Das atemberaubende Panorama der Bergwelt lässt die neuen Bauwerke schnell vergessen.

DIREKTER WEG IN DEN HIMMEL

Der Weg ist rot-gelb markiert, anfangs noch breit und streckenweise durch Geländer gesichert. Und dann ist auch schon bald die Felsspitze ❷ **Ninho da Manta** (Bussardnest) mit dem ersten Aussichtspunkt erreicht, den man noch mit vielen Turnschuhwanderern teilt. Bis zum zweiten ❸ **Miradouro** mit einem aus Tuffstein geformten Tisch, der sogenannten Pedra Rija, musst du *ein schmales Gratstück queren.* Die Treppenstufen scheinen gradewegs zum Himmel zu führen – nicht ohne Grund betiteln hier viele ihr ultimatives Instagramfoto mit „Stairways zu Heaven".

❷ **Ninho da Manta**

350 m 10 Min.

❸ **Miradouro**

650 m 20 Min.

❹ **Pico do Gato**

3 km 1½ Std.

Entlang der Felswände des Pico do Cidrão (1798 m) geht es seitlich steil abfallend, aber gesichert, *über unzählige Stufen durch einen Felsdurchbruch bis zum Fuß des* ❹ **Pico do Gato** (1780 m). Baumheide und Ginster säumen den Weg, den bald der erste Tunnel verschluckt. Hinter seinem Ausgang teilt sich der Weg, du nimmst *die linke, einfachere Strecke,* die viele schöne Aussichten ins Nonnental bietet und auf der du vier weitere Tunnel durchquerst.

Dort wo die beiden Wege wieder zusammenlaufen, beginnt ein anspruchsvolleres Stück. Nach einem Bergrutsch wurde ein Teil des Wegs neu befestigt, es gibt jedoch noch einen Abschnitt von etwa 30 Metern, der ein wenig schmaler und provisorischer ist. Nachdem dieses überwunden ist, steigt der nunmehr einzige, von Baumheide gesäumte Pfad sanft und dann in Serpentinen stetig an. Von rechts mündet der Weg, der von Achada do Teixeira heraufkommt, *geradeaus geht es weiter bergan* zur gut sichtbaren ⑤ Pico-Ruivo-Hütte. Hier kannst du dich mit Snacks versorgen oder dein eigenes Picknick verzehren. Die Mäuerchen bieten sich für eine Mittagsrast an.

⑤ Pico-Ruivo-Hütte

500 m 20 Min.

HÖCHSTES GIPFELGLÜCK

Frisch gestärkt geht es nun hinauf zum Gipfel. *Ein paar steinerne Stufen führen links bergan. An einer Gabelung wählst du den linken Weg* (der rechte führt zum Encumeada-Pass). Und dann stehst du auf dem ⑥ Pico Ruivo ➤ S. 84 (1862 m), Madeiras höchstem Gipfel, und wirst belohnt mit einem grandiosen Rundumblick (sofern das Wetter dort oben mitspielt): auf die Hochebene Paúl da Serra, die Bergspitzen um Curral das Freiras und die Nordküste Madeiras, vielleicht ist der Blick sogar auf Porto Santo und die Ponta de São Lourenço frei.

⑥ Pico Ruivo

5,5 km 2½ Std.

Der Rückmarsch führt *zunächst über den gleichen Weg zurück* zur Pico-Ruivo-Hütte. Kurz danach wählst du dann aber *die Abzweigung nach links in Richtung Achada do Teixeira.* Der Pfad ist sehr gut mit Steinplat-

Auf dem Weg zum höchsten Gipfel der Insel

❼ Achada do Teixeira

ten ausgebaut und führt sanft bergab. Die Abzweigung hinunter nach Ilha ignorierst du, *es geht weiter geradeaus*. In weniger als einer Stunde hast du den Parkplatz des Bergrückens ❼ Achada do Teixeira erreicht.

❷ BOCA DO RISCO – AUSSICHTSREICH AN DIE NORDKÜSTE

- Entlang der Levada im Tal von Machico
- Über den Pass der „Gefährlichen Öffnung" hinüber zur Nordseite
- Abenteuerlicher Küstensteig Richtung Porto da Cruz

Start: Caniçal-Tunnel	Ziel: Porto da Cruz
Strecke: 13,5 km	Dauer: 4 Stunden, reine Gehzeit 3 Stunden
Schwierigkeit: Mittel	Aufstieg: 380 m

Info: Für den schmalen Küstensteig an der Nordseite sollte man absolut schwindelfrei und trittsicher sein. Bei Regen oder starkem Wind ist der Weg nicht gangbar.

AUF DER VERKEHRSADER DER WEINTRANSPORTEURE

Schon vor Jahrhunderten nutzten die Borracheiros, wie man die gerne auch mal etwas angetrunkenen Weinträger nannte, den Pass zwischen Machico und Porto da Cruz als kürzeste Verbindung. Wie sie den abenteuerlichen Klippenweg mit Alkohol im Blut und im Ziegenschlauch geschafft haben, kann man sich heute kaum noch vorstellen. Doch erstmal beginnt der Weg nach der Fahrt *(Bus 113 von Funchal oder Machico zum alten Caniçal-Tunnel; Haltestelle Pico do Facho: Mo–Fr 7–9 Uhr 5x, Sa 3x, So 2x | 3,35 Euro)* ganz entspannt. Ausgangspunkt ist das kleine Haus auf der linken Straßenseite am westlichen Eingang vom alten ❶ Caniçal-Tunnel am

❶ Caniçal-Tunnel

Ortsrand von Machico ➤ S. 96. Direkt davor beginnt die Wanderung entlang der Levada do Caniçal. *Zunächst folgst du der Levada auf einem Betonweg, der bald in einen schmalen Wiesenpfad übergeht.* Geradeaus bietet sich ein schöner Blick auf das Tal von Machico und den Pico do Facho, dann gelangst du in ein Wäldchen. Dahinter öffnet sich eine weite Terrassenlandschaft mit Bananen, Wein- und Gemüsegärten. Mit einfallsreichen Vogelscheuchen beschützen die Landwirte ihre Feldfrüchte.

4,5 km 1 Std.

ADEUS, LEVADA!

Du folgst dem Wasserlauf immer weiter entgegen der Fließrichtung und machst mit der Levada noch einen scharfen Rechts-Links-Knick in ein Tal hinein, bis kurz danach rechts über zwei Stufen ein Pfad abzweigt – das ist der richtige Weg zur Boca do Risco. Sanft, aber steinig steigt der Weg zunächst an, dann führt er erneut leicht hinab in ein Tal, verläuft durch einen Kiefernwald und wiederum durch Terrassenfelder. Am Ende geht es immer stetiger bergauf, bis nach einem leichten Links-

Boca do Risco – wenn du weißt: Der Aufstieg hat sich gelohnt

schwenk die felsige Scharte der ❷ **Boca do Risco** erreicht ist. Aus rund 360 m Höhe schweift der Blick weit über den östlichen Teil der schroffen, weitgehend unberührten Nordküste. Hier oben pfeift häufig der Wind über den Pass, da machen ein paar Höhenmeter bis in den ungeschützten Bereich einen großen Unterschied. Für eine aussichtsreiche Verschnaufpause ist es an dieser Stelle also meist zu windig, bei Sturm macht die „Gefährliche Öffnung" ihrem Namen alle Ehre.

❷ Boca do Risco

2,5 km 35 Min.

BLICK AUF DEN ADLERFELSEN PER DRAHTSEILAKT

Also geht es weiter in Richtung Westen, über einen zunächst dicht mit Baumheide und Sträuchern bewachsenen Steig. Dieser Abschnitt ist mit Abstand einer der spektakulärsten Wege der Insel. Immer wieder wird nun dschungelartiges Grün mit lichten Abschnitten wechseln und ausgesetztes Terrain zu bewältigen sein. Der Steig nähert sich bald einer Felswand, wird schmal, schotterig und abschüssig. An schwierigen Stellen ist der Pfad in der Regel mit einem Drahtseil gesichert, falls dieses mal gerissen sein sollte, ist absolute Trittsicherheit gefragt. Ein Vermessungsstein auf Kniehöhe markiert den Felsvorsprung ❸ Ponta do Espigão Amarelo. Hier genießt du einen tollen Blick auf den Adlerfelsen, Penha de Águia, und das benachbarte Porto da Cruz.

❸ Ponta do Espigão Amarelo

Mehr als die Hälfte des Wegs und die schwierigsten Passagen hast du nun hinter dir, und der Charakter der Landschaft beginnt sich erneut zu ändern, beschert dir Eukalyptus- und Kiefernhänge. *Über ein paar Steinstufen geht es hinab* zu einem tief eingeschnittenen Wasserlauf und durch zwei ähnliche kleine Schluchten. Kurz danach siehst du eine Erdstraße. Sie führt auf etwa gleicher Höhe weiter zu einer Scharte und links in ein Tal mit Terrassenfeldern. *Noch immer läufst du jedoch auf einem Bergrücken* parallel zur Küste, begleitet von einer Wasserrinne. Die ersten Häuser von Larano tauchen jetzt auf, die Straße ist hier bereits asphaltiert. *Du folgst ihr knapp 1 km steil bergab bis kurz vor einer Kuppe. Dort zweigt scharf rechts eine betonierte Garageneinfahrt mit Briefkästen ab. Von ihr führen links Stufen zu einem gut sichtbaren Levadaweg hinunter. Diesem folgst du, vorbei an Gemüsefeldern, kreuzt bald einen Erdweg und wendest dich bei einem in den Fels gebauten Stall nach links in Richtung Meer.*

6,5 km 1½ Std.

DEM MEER ENTGEGEN

Über einen kleinen Kamm geht es nun erneut steil abwärts, durch ein (im Sommer) trockenes Bachbett und quer über den Hang auf eine Häusergruppe zu. Oberhalb davon stößt du auf einen Treppenweg, den du hinuntersteigst. Halte dich nun über den Hügel weiter nach links, bis zum gepflasterten Weg. Eine Steinwand weist dir den Abzweig nach rechts Richtung Küste. Umgehe ein Bachbett mit einer eingestürzten Brücke, dann führt der Weg weiter direkt am Meer entlang. Kurz darauf ist der Uferweg von ❹ Porto da Cruz ➤ S. 87 erreicht. Er führt zur Promenade mit einigen Cafés, dem kleinen Hafen und dem Meerwasserschwimmbad *(nur im Sommer | 1,50 Euro)*, wo du dir ein Erfrischungsbad redlich verdient hast. Links hinauf geht es zur Kirche und zum Busbahnhof *(Bus 53 nach Machico bzw. Funchal: Mo–Fr ab 13 Uhr 4x, Sa nur 15.50 und 17.55 Uhr, So nur 10.25 Uhr).*

❹ Porto da Cruz

❸ RABAÇAL – WASSERZAUBER UND WILDES GRÜN

- ➤ Wandern im tiefen Lorbeerwald
- ➤ Atemberaubende Wasserfälle bewundern
- ➤ Einkehren im Forsthaus von Rabaçal

Start: Rabaçal – Wanderparkplatz	Ziel: Rabaçal – Wanderparkplatz
11 km	½ Tag, reine Gehzeit 4 Stunden
Leicht bis mittel	320 m

Diese Wanderung ist relativ stark frequentiert: Komm sehr früh oder erst am Nachmittag.
Solltest du an den Rabaçaltunnel stoßen und versucht sein, diesen zu durchqueren, sei gewarnt: Du kommst an der Südseite von Paúl da Serra raus und musst ggf. einen weiten Weg wieder zurücklaufen.

❶ Rabaçal
2 km 25 Min.
❷ Forsthaus von Rabaçal
300 m 5 Min.
❸ Levada do Risco
1 km 30 Min.
❹ Cascata do Risco
170 m 10 Min.

RISKIER'S ZU DEN WASSERFÄLLEN

Cascata do Risco und 25 Fontes heißen die beiden schönsten und beliebtesten Ziele von Rabaçal; erwandert man beide nacheinander, so ergibt sich teilweise ein kleiner Rundweg. Ausgangspunkt ist der Wanderparkplatz von ❶ Rabaçal, an der Straße von Paúl da Serra gelegen. *Von hier geht es zu Fuß einen zwar geteerten, aber für Autos gesperrten Weg hinab zum* ❷ Forsthaus von Rabaçal *(Shuttlebus fährt für 3 Euro bzw. 5 Euro hin und zurück).* Wegweiser erleichtern die Orientierung für verschiedene Wandertouren: *Du wählst den breiten, ebenen Weg der* ❸ Levada do Risco. Nach kurzer Zeit triffst du auf die Abzweigung zur Levada der 25 Quellen, *doch gehst du weiter entlang der Levada do Risco, bis nach etwa einer Viertelstunde rechts ein gesicherter Pfad abzweigt.* Er führt in den Kessel der ❹ Cascata do Risco und mündet schließlich auf einer ⑤ Aussichtsterrasse, wo du über den Tropfenschleier des Wasserfalls staunst, der die 100 m hohe Felswand hinunterstürzt.

⑤ Aussichtsterrasse

1 km 30 Min.

IMMER DER LEVADA NACH

Zurück geht es zunächst auf demselben Weg. Weiterzulaufen unter der Kaskade und durch einen Tunnel empfiehlt sich nicht, diese Richtung ist aus Sicherheitsgründen nach wenigen Metern gesperrt. *Wieder an der Abzweigung zu den 25 Quellen angekommen, biegst du rechts ab.* Über Steinstufen, Kehren und eine zweite Treppe erreichst du die ⑥ Levada das 25 Fontes. *Folge ihr entgegen der Fließrichtung.* Rechts liegt nun bald ein Aussichtspunkt, von dem man den weiteren Verlauf der Levada sehen kann und hinabblickt ins Tal.

⑥ Levada das 25 Fontes

2,5 km 1 Std.

Wo der Wasserlauf im Berg verschwindet, weisen Steinstufen mit Holzgeländer den Weg zu einer *Brücke, über die es wieder hinaufgeht zur Levada.* Kurz hinter diesem Punkt schaust du hinab in den Risco-Kessel. *Am Levadamäuerchen entlang geht's am Hang, der nur*

Verträumtes Plätzchen: Aus 25 Quellen ergießt sich das Wasser in die Lagoa das 25 Fontes

durch Baumheide gesichert ist und neuerdings als Einbahnstraße zu gehen ist, bis zu einem Plateau, von dort in einer Rechtskurve hinein ins Tal der 25 Quellen. An dieser Stelle geht geradeaus der Steig hinunter zur Levada da Rocha Vermelha. *Du aber folgst weiter dem Wasserlauf bis zu einer zweiten Brücke, an der du dich mit der Levada nach rechts wendest.*

7 25 Fontes

25 GRÜNDE FÜR DEIN PICKNICK

Nach wenigen Metern öffnet sich ein Talkessel, und du stehst am Ort der 25 Quellen, **7 25 Fontes**. In den trockenen Sommermonaten rieselt ihr Nass allerdings höchstens spärlich über die Felsen. Im Rest des Jahres darf man aber hoffen, dass das Wasser ordentlich herunterplätschert. Erfrischend. Mach Rast, such dir hier ein schönes Plätzchen und genieß die atemberaubende Mischung aus Wasser und Grün oder kühl dir die Füße im kalten Quellsee!

INSIDER-TIPP
Erfrischung für müde Wanderbeine

2,5 km 1 Std.

Zurück geht's zunächst auf demselben Weg, doch dann biegst du links auf einen Entlastungsweg ab, der über steinige Stufen einen Hügel hinauf und wieder hinab führt, bis du zurück an der Levada das 25 Fontes bist und ihr in Fließrichtung folgst, die Abzweigung zum Forsthaus ignorierst du. Die Levada führt durch eine Felsscharte und zu einer Treppe aus rotem Tuffgestein. Diese windet sich links hinauf zur **8 Levada do Risco**. *Nach der Überquerung der Levada geht's weiter Treppen hinauf, bis zum Vorplatz am Rabaçal-Haus.* Im **Café Rabaçal Nature Spot** *(tgl. 10–18 Uhr | Mobiltel. 938939246)* hast du Stärkung verdient. Die Strecke auf dem Teerweg zurück zum Wanderparkplatz von **1 Rabaçal** schaffst du danach mit links.

8 Levada do Risco

2 km 40 Min.

1 Rabaçal

4 DER SÜDWESTEN – MADEIRAS SONNENKÜSTE

- Steile Bananenterrassen und hübsche Ortschaften
- Autodusche unterm Wasserfall
- Badepause am Sandstrand

Ribeira Brava

Porto Moniz

ca. 72 km

½ Tag, reine Fahrzeit 2 Stunden

Die alten Küstenstraßen sind häufig sehr schmal, teilweise direkt an der Steilküste. In regenreichen Wintern kann es hier zu Steinschlag kommen.

AUF IN DIE SONNIGEN GEFILDE!

Der sonnige Südwesten Madeiras wird bei vielen Rundtouren ausgelassen. Mach nicht den gleichen Fehler! Die Tour startet am Morgen in **1 Ribeira Brava** ➤ S. 63, der Handelsstadt an der Mündung des gleichnamigen Flusses. Nach einer süßen Stärkung in einer der **Pastelarias** an der Uferpromenade und einem Blick in die barocke Kirche **São Bento**, geht es los, *immer gen Westen*. Die Küstenstraße ist allerdings auf den ersten drei Kilometern nicht mehr befahrbar, sodass du *ein kurzes Stück zurück Richtung Schnellstraße fahren musst, um dann am Ortsausgang im Kreisverkehr in den Tunnel Richtung Ponta do Sol/Calheta (VR3) abzubiegen.* Du durchfährst den Bananenanbauort Lugar de Baixo, der durch die fehlgeplante Marina traurige Berühmtheit erlangt hat. Die halb fertige Bauruine ist noch immer zu sehen, auch wenn das Meer schon am Beton kratzt. Nach einem weiteren Tunnel ist das hübsche Städtchen **2 Ponta do Sol** ➤ S. 62 erreicht. *Die ausgebaute Schnellstraße darfst du nun verlassen, es geht direkt am Meer entlang, über die alte Regionalstraße ER101. Dafür musst du am Kreisverkehr von Ponta do Sol links in Richtung Kirche*

1 Ribeira Brava

5,5 km 25 Min.

2 Ponta do Sol

4,5 km 5 Min.

In Madalena do Mar kommst du an den Bananen nicht vorbei

abbiegen. Halt an und spaziere durch den liebevoll hergerichteten Ortskern.

IN AFRIKAS SAND SUHLEN

Der folgende Straßenabschnitt ist mit Sicherheit einer der spektakulärsten der Insel: durch alte Felstunnel, links das Meer, rechts die Steilwand, und dazu eine kostenlose Autowäsche.

INSIDER-TIPP
Waschanlage Wasserfall

❸ Madalena do Mar

5 km 10 Min.

❸ **Madalena do Mar ➤ S. 64** lebt hauptsächlich vom Bananenanbau, man sieht auf jedem noch so kleinen Quadratmeter Bananenplantagen. *Weiter geht es Richtung Calheta. An der Abzweigung zur Schnellstraße (VR3) wählst du die alte Regionalstraße (ER101),* die direkt zur ❹ **Praia da Calheta ➤ S. 67** führt. Hier ist eine Badepause angesagt, der goldene Sand wurde schließlich extra aus Afrika hier angeliefert. Schau dir die alte **Zuckermühle** an. Calheta ist bis heute eine der wichtigsten Regionen für den Zuckerrohranbau auf Madeira, auch wenn aus Zucker heute fast nur noch Aguardente für die Poncha gebrannt wird.

❹ Praia da Calheta

11 km 15 Min.

Nach Calheta schlängelt sich die Regionalstraße ER 222/223 durch die höher gelegene Ortschaft Estreito da Calheta und dann wieder hinunter zum Meer. In ❺ **Jardim do Mar ➤ S. 67** trifft sich die Surferszene, hier gibt es die besten und anspruchsvollsten Wellen

❺ Jardim do Mar

3,5 km 5 Min.

der Insel. Der Ort ist daher geprägt von der Präsenz der Wellenreiter, es gibt loungige Cafés wie **Joe's Bar** ➤ S. 68. *Ein langer Tunnel* führt ins Fischerdorf ❻ **Paúl do Mar** ➤ S. 68. Hier könntest du natürlich Fisch essen. Oder wie wärs mit einem veganen Menü? Super lecker und chillig im Lokal **The Beach Bar** *(Rua do Cais 12 | Mobiltel. 927363549 | €)* direkt am Fischerhafen.

IN SCHLANGENLINIEN HOCH HINAUS

Am westlichen Ortsausgang beginnt eine steile Serpentinenstraße, die sich hinauf nach ❼ **Fajã da Ovelha** ➤ S. 71 schlängelt. Ab hier führt der Weg in vielen Kurven durch die Ortschaften auf den höher gelegenen Plateaus, bis schließlich der westlichste Ort Madeiras, ❽ **Ponta do Pargo** ➤ S. 70, erreicht ist. Mächtig erhebt sich der Leuchtturm an der Westspitze – Zeit für eine Fotosession, bevor es auf die Kurvenstrecke der ER101 zurückgeht.

In ❾ **Achadas da Cruz** ➤ S. 71 verbindet eine **Seilbahn** *(5 Euro hin und zurück, letzte Gondel im Sommer 20 Uhr, im Winter 18 Uhr)* den Ort mit den Feldern auf der an der Küste gelegenen Fajã. Besonders romantisch ist es hier, wenn die Sonne im Meer versinkt.

INSIDER-TIPP
Sonnenuntergang am Ende der Welt

Zurück auf der Hauptstraße stößt nach kurzer Zeit die ER110 von Paúl da Serra kommend dazu. *Es geht aber weiter geradeaus,* über Santa mit seinem schönen Aussichtspunkt hinunter nach ❿ **Porto Moniz** ➤ S. 76. Wenn du magst, erfrischt du dich noch in den Meeresschwimmbecken des Orts, oder du beendest den Tag mit einer großen Portion *lapas grelhadas* (gegrillte Napfschnecken) in einem der Restaurants.

❻ Paúl do Mar

5,5 km 5 Min.

❼ Fajã da Ovelha

11,5 km 10 Min.

❽ Ponta do Pargo

13,5 km 30 Min.

❾ Achadas da Cruz

12 km 15 Min.

❿ Porto Moniz

GUT ZU WISSEN

DIE BASICS FÜR DEINEN URLAUB

ANKOMMEN

ANREISE

Nach Madeira kommst du entweder per Kreuzfahrtschiff (dann bleibst du aber meistens nicht lange) oder per Flugzeug.

Am einfachsten zu organisieren und meist auch am günstigsten ist ein Pauschalarrangement mit Charterflug und Unterkunft. Die Charterflüge gehen von verschiedenen deutschen Flughäfen aus direkt nach Madeira, meistens donnerstags. Tägliche Linienflugverbindungen bietet TAP Portugal mit Umsteigen in Lissabon an, im Sommer gibt es auch TAP-Flüge von Lissabon nach Porto Santo. Neuerdings fliegt Eurowings im Sommer zweimal die Woche von Frankfurt nach Porto Santo. Auf die Nachbarinsel kommst du ansonsten per Fähre ab Funchal *(portosantoline.pt)* oder mit den Turboprop-Maschinen von Binter *(bintercanarias.com)* ab dem Flughafen Cristiano Ronaldo.

Madeiras Flughafen, etwa 20 km östlich von Funchal und nach dem Fußballspieler benannt, hat inzwischen eine nicht mehr ganz so gefährliche Start- und Landebahn mit 2777 m Länge. Trotzdem kann es passieren, dass mal durchgestartet, nach Porto

GRÜN & FAIR REISEN

Du willst beim Reisen deine CO_2-Bilanz im Hinterkopf behalten? Dann kannst du deine Emissionen kompensieren *(atmosfair.de; myclimate.org)*, deine Route umweltgerecht planen *(routerank.com)* oder auf Natur und Kultur *(gate-tourismus.de)* achten. Mehr über ökologischen Tourismus erfährst du hier: *oete.de* (europaweit); *germanwatch.org* (weltweit).

Kunst am Bau: Typisches Azulejofries an der Handelskammer in Funchal

Santo ausgewichen oder gar umgekehrt werden muss, wenn komplizierte Scherwinde am Steilküstenhang das Landen unmöglich machen.

AUSKUNFT

Über das offizielle Tourismusportal *visitmadeira.com* bekommst du schon vorab viele Informationen. Darüber hinaus gibt's Stadtpläne und Wanderbroschüren in den Touri-Infos *(Posto de Turismo)* in den Zentren aller wichtigen Orte, in Funchal z.B. in der *Av. Arriaga 16 | Tel. 291211902*.

EINREISE

EU-Bürger benötigen lediglich einen gültigen Personalausweis, um nach Madeira einzureisen.

KLIMA & REISEZEIT

Madeira wirbt damit, ein ideales Ganzjahresziel zu sein. Und es stimmt, denn es herrscht ganzjährig ein mildes Klima, selbst im Januar und Februar liegen die Tagestemperaturen an der Küste im Süden nur ausnahmsweise unter 15 Grad. Die wärmsten Monate sind Juli, August und September, dann klettert das Thermometer insbesondere an der Südküste auch schon mal über 25 Grad.

Trotz der grundsätzlich milden Temperaturen kann das Wetter auf Madeira sehr wechselhaft sein, und gerade im Winter und Frühling musst du immer mal wieder Regenschauer und ungemütliche Stürme in Kauf nehmen. Wettertabellen und Apps beziehen sich meist nur auf Funchal, doch auf Madeira gibt es zahlreiche Mikrowitterungen, sodass Webcams für die Planung des Urlaubstags hilfreicher sind. Ein paar Faustregeln: Weht ein Passatwind aus Nordost, ist es in den Bergen und an der Nordseite oft bewölkt, insgesamt aber stabil. Der Südostwind *(leste)* aus der Sahara bringt sonniges, warmes Wetter für den Großteil der Insel. Westwinde verursachen unbeständiges und regnerisches Wetter, da sie abwechselnd Warm- und Kaltluftfronten mit sich bringen. Doch die beste Regel ist wohl: Wenn dir das Wetter nicht gefällt, fahr einfach auf die andere Seite der Insel!

- 1 Stunde Zeitverschiebung

Es gilt Greenwicher Zeit.

WEITER-KOMMEN

AUTO & MIETWAGEN

An den Flughäfen, in den beiden Hauptstädten von Madeira und Porto Santo sowie in Caniço de Baixo sind (inter-)nationale Mietwagenfirmen vertreten. Regionale Anbieter locken oft mit Sonderangeboten, es lohnt aber der Preisvergleich mit deutschen Offerten. Überhaupt ist es meist günstiger, den Leihwagen vor dem Urlaub über die einschlägigen Portale zu buchen (Mindestalter 21 Jahre). Eine Kreditkarte ist meist notwendig. Die Fahrzeugpreise beginnen bei rund 40 Euro pro Tag, bei unbegrenzten Kilometern. Achte auf gute Bremsen und ausreichend PS, damit du die steilen Berghänge der Insel erklimmen kannst.

Die Höchstgeschwindigkeit auf Madeira liegt in allen Orten bei 50 km/h, auf Landstraßen bei 90 km/h, und auf der *via rápida*, der „Autobahn" Madeiras, herrscht ein Tempolimit von 100 km/h. Trotzdem treten die Einheimischen gern mal kräftiger aufs Gaspedal. Auch die Promillegrenze von 0,5 und die Gurtpflicht nehmen nicht alle Autofahrer auf der Insel ernst. Es besteht Warnwestenpflicht.

Die Hauptstraßen Madeiras und Porto Santos sind asphaltiert und weitgehend in gutem Zustand; viele verlaufen inzwischen in Tunnels.

ÖFFENTLICHE VERKEHRSMITTEL

Vom Flughafen kommst du mit dem *Aerobus (5 Euro | sam.pt)* gut nach Funchal (Abfahrt vor der Ankunftshalle). Er bringt dich bis ins Hotelviertel. Fast jede andere Ort auf Madeira und die meisten Sehenswürdigkeiten (allerdings nicht die Bergregionen) sind per Bus erreichbar – mühsam, aber nicht unmöglich.

Madeira hat kein einheitliches Busnetz, verschiedene Agenturen sind für die einzelnen Regionen zuständig. In der Region Funchal verkehren die *Horários do Funchal* (*horariosdofunchal.pt*, mit Busfahrplan), für die Verbindung mit Caniço sorgt *EACL (eacl.pt)*, *Rodoeste (rodoeste.com.pt)* fährt in den Westen der Insel und *SAM (sam.pt)* in den Ostteil. Eine Art zentraler Busbahnhof befindet sich am Rand der Altstadt Funchals: zwischen Seilbahnstation und Praça da Autonomia fahren ein Großteil der Buslinien ab. Andere halten entlang der Avenida do Mar, so auch viele private Hotel-Shuttlebusse. Bustickets erhält man generell beim Fahrer.

FESTE & EVENTS
RUND UMS JAHR

FEBRUAR
Karneval (Funchal)

APRIL
MIUT (Porto Moniz–Machico): berühmtester Ultratrail, manche Athleten rennen 115 km lang über die Insel

MAI
★ **Festa da Flor** (Funchal): mit Blütenteppichen und buntem Umzug (Foto)

Maktub Soundsgood Festival (Paúl do Mar): Reggae-Festival

JUNI
Festival do Atlântico (Funchal): Konzerte, Straßenmusik und (jeden Sa-Abend) Feuerwerkskonzert im Hafen

JULI
Summer Opening (Parque de Santa Catarina, Funchal), *summeropening.com*: Musikfestival Rock, Hip-Hop, Reggae

AUGUST
Nossa Senhora do Monte (Monte): Wallfahrt an Mariä Himmelfahrt

SEPTEMBER
Madeira Weinfestival (Funchal, Estreito de Câmara de Lobos)

Festival Colombo: (Porto Santo, Vila Baleira): mittelalterlicher Markt und historischer Umzug

OKTOBER/NOVEMBER/ DEZEMBER
Festival da Natureza: Eine Woche Anf. Okt. wird die Natur gefeiert

Festa do Senhor dos Milagres (Machico), 9. Okt.: nächtliche Prozession, die zu Ehren des Wundertätigen Jesus abgehalten wird

Kastanienfest (Curral das Freiras), *um den 1. Nov.*

Fim do Ano (Funchal), Jahresende wird ab Ende November gefeiert, Höhepunkt ist das *Silvesterfeuerwerk* über der Bucht

Auch ein Mehrtagespass kann sich bei häufigeren Fahrten lohnen (z.B. 21,50 Euro/7 Tage). In Funchal selbst fährt günstiger, wer eine wiederaufladbare „Giro"-Karte hat (0,50 Euro plus Ticketpreis).

INSIDER-TIPP
Funchal per Flatrate

TAXI

Taxis stehen an den „praças de taxi" und fahren innerhalb von Funchal mit Taxameter. Die Gebührenordnung wird immer mitgeführt. Der Mindestpreis beträgt 3 Euro (Mo–Fr 6–21 Uhr). Einer der zentralen Taxirufe für Funchal ist *Tel. 291764476,* alternativ bestellt die Hotelrezeption das Taxi. Manche Taxiunternehmen bieten Inselexkursionen an (um die 120 Euro). Die Fahrt vom/zum Flughafen kostet je nach Ort 30–70 Euro. Überlandfahrten richten sich nach der Festpreisliste.

IM URLAUB

FEIERTAGE

1. Jan.	*Ano Novo* (Neujahr)
Karnevalsdienstag	*Carnaval*
Karfreitag	*Sexta-feira Santa*
25. April	*Dia da Libertade* (Tag der Nelkenrevolution 1974)
1. Mai	*Dia do Trabalhor* (Tag des Arbeiters)
Fronleichnam	*Corpo de Deus*
10. Juni	*Dia de Portugal* (Tod des Nationaldichters Luís Vaz de Camões)
15. Aug.	*Assunção* (Mariä Himmelfahrt)
5. Okt.	*Implantação da República* (Gründung der Republik 1910)
1. Nov.	*Todos os Santos* (Allerheiligen)
1. Dez.	*Restauração da Independência* (Ende der Personalunion mit Spanien 1640)
8. Dez.	*Imaculada Conceição* (Mariä Empfängnis)
25. Dez.	*Natal* (Weihnachten)

GELD

Fast überall auf Madeira gibt es Geldautomaten (Multibanco), je nach Heimatbank können Abhebegebühren anfallen, außerdem sind Abhebungen auf zwei Mal 200 Euro/Tag beschränkt. Bei den Automaten von ATM Euronet Worldwide entfällt diese Beschränkung. Mietwagen, Hotel, oft auch das Restaurant – fast alles lässt sich mit Kredit- und EC-Karten bezahlen.

ÖFFNUNGSZEITEN

Touristenbüros, kleinere Geschäfte und öffentliche Einrichtungen haben meist Mo–Fr 9–12.30 und 14.30–18, Sa 9–13 Uhr geöffnet. Museen sind häufig Mo geschlossen, manche auch So. Bankzeiten sind Mo–Fr 9–15 Uhr. Supermärkte und Einkaufszentren sind Mo–So durchgehend bis 22 Uhr offen.

Wenn nicht anders angegeben, sind die im Band aufgeführten Restaurants täglich 12–15 und ab 18 Uhr geöffnet (in der Regel bis ca. 23 Uhr). Abendliches Shopping ist in den Einkaufszentren (z. B. *Madeira Shopping* oder *Forum Madeira)* bis 23 Uhr möglich, am Wochenende sogar bis Mitternacht.

POST

Ein rot-weißes Schild mit Reiter und den Buchstaben CTT kennzeichnet die Poststationen. Geöffnet sind sie meist Mo–Fr 9–18 Uhr. Briefmarken *(selos)* werden auch in lizenzierten Bars und Zeitungsläden bzw. Kiosken verkauft. Postkarten und Briefe bis 20 g innerhalb Europas kosten 0,95 Euro.

PREISE

Bis zu 10 Euro kostet ein Museumseintritt, für Kinder, Studenten und Senioren gibt es Ermäßigung (meist 50 Prozent). Sonntagsvormittags ist der Eintritt manchmal frei, einige Museen in Funchal sind sogar immer frei zugänglich. Für einige Orte soll seit Jahren Eintritt erhoben werden (z. B. Skywalk am Cabo Girão), doch bis Redaktionsschluss wurden diese Ankündigungen nicht umgesetzt.

SPRACHE

Auf Madeira wird Portugiesisch mit einem inseltypischen Dialekt gesprochen. Urlauber kommen in den meisten Fällen gut mit Englisch zurecht. In Hotels, Restaurants und Agenturen gibt es oft Angestellte, die an der Tourismusschule Deutsch gelernt haben.

STRÄNDE & BADEN

Madeira ist keine Strandinsel. In Calheta und Machico wurden künstliche Strände angelegt, an der Prainha und in Seixal findest du etwas schwarzen Sand. Ansonsten gibt's Hotelpools, grobe Kieselsteinstrände und viele Felsen, die jedoch an manchen Stellen mit etwas Beton in tolle Felsbadeanlagen verwandelt wurden (z. B. in Porto Moniz). Für einen richtigen Badeurlaub ist Porto Santo mit seinem 9 km langen Sandstrand besser geeignet als Madeira. Einen FKK-Strand gibt's auf dem Archipel nirgendwo.

TELEFON, HANDY & WLAN

Vorwahlen: nach Deutschland 0049, nach Österreich 0043, in die Schweiz 0041. Von Deutschland nach Madeira/Porto Santo 00 351. Handynummern auf Madeira beginnen mit 9, Festnetznummern mit 2.
WLAN gibt es in jedem Hotel und in den meisten Restaurants und Cafés.

TOILETTEN

Viele ältere WCs und die in den einfachen Bars (vor allem in den Bergen) vertragen wegen der schmalen Rohre kein Papier. Das gehört stattdessen in den bereitstehenden Abfalleimer.

TRINKGELD

In Restaurants wird die Zeche in der Regel aufgerundet, oder es werden 5–10 Prozent Trinkgeld gegeben. Dazu lässt man am Ende das entsprechende Trinkgeld auf dem kleinen Rechnungsteller liegen. Es ist nicht üblich, dem Kellner bereits beim Bezahlen einen aufgerundeten Betrag zu nennen.
Taxifahrer, Zimmermädchen, Portier, Kofferträger, Tour Guide und Schuhputzer freuen sich ebenfalls über einen kleinen Zusatzverdienst zum meist kargen Lohn.

TRINKWASSER

Das Leitungswasser auf Madeira ist hygienisch einwandfrei, schmeckt jedoch leicht gechlort und wird oft chemisch behandelt. Zum Zähneputzen ist es unbedenklich, doch es empfiehlt sich, Trinkwasser (auch als 5-l-Kanister erhältlich) im Supermarkt zu kaufen.

UNTERKUNFT

Es gibt alles, vom einfachen Campingplatz bis zum Glamping, von der Jugendherberge bis zum Hostel und von der günstigen Pension bis zum absoluten Luxushotel. Alles eine Frage des Geldbeutels und der Vorlieben. Besonders hübsch sind auf Madeira die restaurierten Quintas (siehe Stichwort S. 22).

ZOLL

Innerhalb der EU *(zoll.de)* sind zur Ein- und Ausfuhr gewisse Obergrenzen für den persönlichen Gebrauch zu beachten (z. B. 800 Zigaretten, 10 l Spirituosen). Für Schweizer *(ezv.admin.ch)* gelten geringere Freimengen bis zu einem Gesamtwert von 300 Franken (z. B. 250 Zigaretten, 1 l Spirituosen).

WAS KOSTET WIE VIEL?

Poncha	2–3 Euro *für einen Mini-Cocktail*
Bica	80 Cent *für einen Espresso*
Lapas	8–10 Euro *für eine Portion Napfschnecken*
Benzin	ca. 2 Euro *für 1 l Normalbenzin*
Badeanstalt	2–5 Euro *pro Tag im Meeresbad*
Souvenir	18–25 Euro *für eine Flasche Madeirawein (10 Jahre alt)*

NOTFÄLLE

DIPLOMATISCHE VERTRETUNGEN

– Auf Madeira gibt es seit 2017 kein deutsches Konsulat mehr, für alle konsularischen Anliegen ist nun die Botschaft in Lissabon zuständig: *Campo dos Mártires da Pátria 38 | 1169-043 Lisboa | Tel. 2 18 81 02 10 | lissabon.diplo.de*

– Für Österreich: *Honorarkonsulat (Mo–Fr 9.30–12.30 Uhr | Rua Imperatriz Dona Amélia 4 | Edifício Princesa | Loja 0 | Funchal | Mobiltel. 9 10 02 32 00 | bmeia.gv.at)*

– Schweizer wenden sich für konsularische Dienstleistungen an das Schweizer Konsularzentrum in Madrid *(Tel. +34 9 14 36 39 60 | madrid@eda.admin.ch)* oder kontaktieren in Bern die Helpline *EDA (+41 800 24 73 65, rund um die Uhr).*

NOTRUF

- *Notruf/Ambulanz: Tel. 1 12*
- *SANAS Meeresnotruf: Tel. 2 91 23 01 12*
- *Bergrettung (Protecção Civil): Tel. 2 91 70 01 12*

WICHTIGE HINWEISE

GESUNDHEIT

Viele Hotels vermitteln in Notfällen einen Arzt aus einer Privatklinik. Grundsätzlich sind diese privaten Konsultationen sofort zu bezahlen, auch wenn man direkt in eine der Privatkliniken geht. Die (detaillierte!) Rechnung reicht man bei der Auslandskrankenversicherung ein. Es empfiehlt sich immer, eine abzuschließen.

Mit der EHIC (European Health Insurance Card, blaue Auslandskrankenkassenkarte) wird man in den staatlichen Krankenhäusern, Ambulanzen und Gesundheitszentren problemlos und in der Regel ohne Kosten behandelt, eine Auflistung und die Kontakte aller Einheiten findet man unter *sesaram.pt*.

Es gibt – zumindest in den größeren Ortschaften der Insel – genügend Apotheken *(farmácias, postos de medicamentos)*. Eine davon ist immer geöffnet; an der Eingangstür jeder Apotheke hängt der aktuelle Dienstplan aus.

FAHRVERHALTEN

Bei starkem Regen ist auf den Bergstraßen Vorsicht geboten: Steine und Geröll fallen von den Hängen auf die Fahrbahn, nicht selten sind Straßen gesperrt *(procivmadeira.pt)*. Im Hochland sollte man bei Nebel besonders umsichtig fahren. Die Parkplätze im Zentrum von Funchal sind rar und gebührenpflichtig.

KEIN FEUER MACHEN

Eine achtlos weggeworfene brennende Zigarette oder ein unsachgemäßes Grillfeuer können in den trockenen Sommermonaten eine Brandkatastrophe auslösen. Fast jedes Jahr lodern in den Bergen großflächige Brände, mitunter kräftig angefacht durch starken Wind. Daher gilt immer Vorsicht beim Umgang mit Feuerzeug und Co.

WETTER IN FUNCHAL

Hauptsaison
Nebensaison

	JAN.	FEB.	MÄRZ	APRIL	MAI	JUNI	JULI	AUG.	SEPT.	OKT.	NOV.	DEZ.
Tagestemperaturen	14°	14°	16°	18°	21°	25°	28°	28°	26°	22°	18°	14°
Nachttemperaturen	7°	7°	9°	11°	13°	17°	20°	20°	19°	15°	11°	9°
Sonnenschein Stunden/Tag	5	5	6	8	10	10	12	10	8	6	5	4
Niederschlag Tage/Monat	9	8	8	7	5	3	1	3	6	11	9	12
Wassertemperatur in °C	18	17	17	18	18	20	21	22	23	21	20	19

Sonnenschein Stunden/Tag Niederschlag Tage/Monat Wassertemperatur in °C

SPICKZETTEL PORTUGIESISCH

SMALLTALK

ja/nein/vielleicht	sim/não/talvez	ßiing/nau/tal'wesch
bitte	se faz favor	ß fasch fa'wor
danke	obrigado (m)/obrigada (f)	obri'gadu/obri'gada
Gute(n) Morgen!/Tag!/Abend!/Nacht!	Bom dia!/Bom dia!/Boa tarde!/Boa noite!	bong 'dia/bong 'dia/'boa 'tard/'boa 'noit
Hallo!/Tschüss!	Olá!/Ciāo!	o'la/tschau
Ich heiße ...	Chamo-me ...	'schamu-me
Wie heißt du?/Wie heißen Sie?	Como te chamas?/Como se chama?	'komu te 'schamas/'komu se 'schama
Ich komme aus ...	Sou de ...	souh dö
Entschuldige!/Entschuldigen Sie!	Desculpa!/Desculpe!	disch'kulpa/disch'kulp
Wie bitte?	Como?	'komu
Das gefällt mir (nicht).	(Não) Gosto disto.	(nau) 'goschtu 'dischtu
gut/schlecht	bem/mal	bäi/mal

ZEIGEBILDER

ESSEN & TRINKEN

Die Speisekarte, bitte.	A ementa, se faz favor.	ah ih'menta, ß fasch fa'wor
Flasche/Glas	garrafa/copo	gar'raffa/'koppu
Salz/Pfeffer/Zucker	sal/pimenta/açúcar	ßall/pi'menta/a'ßuhkar
Essig/Öl	vinagre/azeite	wi'nahgre/a'säite
Messer/Gabel/Löffel	faca/garfo/colher	'faka/'garfu/kul'jer
Milch/Sahne/Zitrone	leite/nata/limão	'läite/'nahta/li'mau
mit/ohne Eis/ Kohlensäure	com/sem gelo/gás	kong/ßäing 'schelu/ gasch
Vegetarier(in)/Allergie	vegetariano, -a/alergia	weschetari'anu, -a/ aller'schia
Rechnung	conta	konta
Ich möchte zahlen, bitte.	A conta, se faz favor.	ah 'konta, ß fasch fa'wor
bar/Kreditkarte	em dinheiro/com cartão de crédito	äi din'jäiro/kong kar'tau dö 'krehditu

NÜTZLICHES

Wo ist ...?/Wo sind ...?	Onde é ...?/Onde são ...?	'onde eh/'onde ßau
Wie viel Uhr ist es?	Que horas são?	keh 'orasch ßau
Es ist drei Uhr.	São três horas.	ßau tres 'orasch
heute/morgen/gestern	hoje/amanhã/ontem	'osche/amman'ja/'ontäim
Wie viel kostet ...?	Quanto custa ...?	'kuantu 'kuschta
Wo finde ich einen Internetzugang?	Onde há acesso à internet?	onde ah a'ßeßu ah 'internet
Hilfe!/Achtung!	Socorro!/Atenção!	ßu'korru/atten'ßau
Fieber/Schmerzen	febre/dores	'fehbre/'dohresch
Apotheke/Drogerie	farmácia/drogaria	far'mahßia/droga'ria
Verbot/verboten	interdição/proibido	interdi'ßau/prui'bidu
kaputt/funktioniert nicht	estragado/não funciona	ischtra'gadu/nau fung'ziona
Panne/Werkstatt	avaria/garagem	awa'riah/ga'rahschäing
Fahrplan/Fahrschein	horário/bilhete	o'rahriju/bil'jet
0/1/2/3/4/5/6/7/8/9/ 10/100/1000	zero/um, uma/dois, duas/ três/quatro/cinco/seis/ sete/oito/nove/dez/ cem/mil	'säru/'ung, 'uma/'doisch, 'duasch/'tresch/'kuatru/ 'ßinku/'ßäisch/'ßät/'oitu/ 'noww/'däsch/'ßäi/mil

URLAUBS FEELING

ZUM EINSTIMMEN & AUSKLINGEN

LESESTOFF & FILMFUTTER

MORD AUF DER LEVADA

Im ersten Fall (von vieren) der Autorin Joyce Summers stolpert Cafébesitzerin Pauline im Madeiraurlaub über einen ermordeten Hotelbesitzer. Ihre Spurensuche führt bis zum Tod des letzten Habsburger Kaisers. (2017)

DIE TOCHTER DES SEEFAHRERS

Linda Holeman erzählt in ihrem Roman packend die Geschichte von Diamantina, die Mitte des 18. Jhs. der Armut entflieht, einen Weinbauern heiratet, nach Madeira kommt und die Ehe als Gefängnis erlebt. (2015)

RONALDO

Der über 14 Monate gedrehte Dokumentarfilm zeigt, wie aus Cristiano Ronaldo dos Santos Aveiro der Weltklassefußballer CR7 wurde. Man erfährt, dass dem ehrgeizigen Stürmer noch etwas wichtig ist: seine Familie. (2015, Regie: Anthony Wonke)

DAS HAUS AUF DER BLUMENINSEL

Christiane Lind verwebt die Geschichte von drei Frauen verschiedener Generationen in eine etwas schnulzige, aber spannende Familiensaga, die auch auf Madeira spielt. (2013)

PLAYLIST QUERBEET

0:58

II JESUS OR A GUN – FLY HIGH
Die rockigste Band der Insel fliegt mit ihrer Debütsingle hoch hinaus

▶ CRISTINA BRANCO – AULA DE NATAÇÃO
Das Video zum Fado-Lied über die „Schwimmstunde" spielt in Ponta do Sol

▶ SÉTIMA LEGIÃO – SETE MARES
Die legendäre Band, von dem Madeirer Ricardo Camacho gegründet, besingt die sieben Meere

▶ AMÁLIA RODRIGUES – BAILINHO DA MADEIRA
Die Königin des Fado besingt den Garten im Atlantik

▶ XUTOS & PONTAPÉS – HOMEM DO LEME
Keine Rockband wird auf Madeira mehr geliebt – auch für diese Hommage an den „Mann am Ruder"

Den Soundtrack zum Urlaub gibt's auf **Spotify** unter **MARCO POLO** Portugal

Oder Code mit Spotify-App scannen

AB INS NETZ

MADEIRAISLANDNEWS.COM
Der auf Madeira lebende britische Blogger Tobi hält dich mit interessanten (englischsprachigen) Artikeln, die gerne auch mal kritisch auf so manche Vorkommnisse auf der Insel blicken, auf dem Laufenden.

LOBOSONDA.COM
Und was machen die Wale so? Auf dem Blog des auf Nachhaltigkeit bedachten Whalewatching-Teams von Lobosonda aus Calheta werden regelmäßig Berichte von den Ausfahrten und Sichtungen gepostet.

DANISHOME.CH
Der Schweizer Daniel hat eine unglaublich ausführliche Auflistung aller Levadas inklusive GPS-Tracks, Ausrüstungstipps und vielen weiteren Infos angefertigt. So ein komplettes Levadaregister kann selbst die Inselregierung nicht bieten.

NETMADEIRA.COM
Du willst wissen, wie gerade das Wetter im Hochgebirge oder auf der anderen Seite der Insel ist? Dann guck´s dir einfach auf der Webcam an. So weißt du, wo sich das Wandern lohnt.

TRAVEL PURSUIT

DAS MARCO POLO URLAUBSQUIZ

Weißt du, wie Madeira tickt? Teste hier dein Wissen über die kleinen Geheimnisse und Eigenheiten von Land und Leuten. Die Lösungen findest du in der Fußzeile. Und ganz ausführlich auf den S. 18–23.

❶ Was ist einer der Unterschiede zwischen den Portugiesen vom Festland und von der Insel?

a) Es gibt keinen. Sie sind in allen Belangen gleichberechtigt

b) Der Dialekt: Auf Madeira wird „Hochportugiesisch" gesprochen

c) Die ganz großen Rockstars treten auf Madeira nicht auf, und Ikea gibt's auch nicht

❷ Was wird auf Madeira vorrangig gefeiert?

a) Kirchenheilige und typische Obst-/Gemüsesorten verdienen ordentliche Feierlichkeiten

b) Cristiano Ronaldos Geburtstag

c) Jeder gewonnene Tourismus-Award wird inbrünstig gefeiert

❸ Wieso heißt Madeira „Blumeninsel"?

a) Hier gibt's das ganze Jahr hindurch Blütenteppiche, so weit das Auge reicht

b) Hier gibt's 800 heimische und mehr als 500 eingeführte Pflanzenarten

c) Blumen gibt's nur zum alljährlich im Mai gefeierten Blumenfest

❹ Warum wanderten und wandern Madeirer aus?

a) Wegen Plagen, Naturkatastrophen und Wirtschaftskrisen

b) Weil sie Cristiano Ronaldo nicht mehr ertragen

c) Weil das Wetter woanders besser ist

Lösungen: 1c, 2a, 3b, 4a, 5c, 6b, 7b, 8a, 9c, 10a, 11c

Blumendekoration auf dem alljährlichen Blumenfest

❺ Welche dieser Tiere triffst du auf Madeira häufig an?

a) Kampfstiere, iberische Luchse und portugiesische Wasserhunde
b) Ratten, Mäuse und Kakerlaken
c) Eidechsen, Vögel und Fische

❻ Was bedeutet das Wort „Azulejo"?

a) Blaue Fliese
b) Kleiner Stein
c) Glänzende Kachel

❼ Was machen die Engländer auf Madeira?

a) Madeira ist doch eine britische Insel, was soll die Frage?
b) Urlaub und Wein
c) Sie sind vor dem Brexit geflüchtet

❽ Was ist Manuelinik?

a) Dekorationstechnik der Spätgotik
b) Schnitztechnik der Frührenaissance
c) Maltechnik der Romanik

❾ Wo befinden sich die meisten Quintas?

a) An idyllischen Flüssen
b) An sonnigen Stränden
c) An feuchten Hängen

❿ Wofür legte man schon im 15. Jh. die ersten Levadas an?

a) Zur Bewässerung der Zuckerrohrplantagen
b) Um darin Wäsche zu waschen
c) Zur Forellenzucht

⓫ Worin liegt das Geheimnis des Madeiraweins?

a) Leidenschaft und Talent
b) Zucker und Zimt
c) Wärme und Zeit

REGISTER

LOB ODER KRITIK? WIR FREUEN UNS AUF DEINE NACHRICHT!

Trotz gründlicher Recherche schleichen sich manchmal Fehler ein. Wir hoffen, du hast Verständnis, dass der Verlag dafür keine Haftung übernehmen kann.

MARCO POLO Redaktion • MAIRDUMONT • Postfach 31 51
73751 Ostfildern • info@marcopolo.de

Impressum
Titelbild: Funchal, Rua Santa Maria (AWL: F. Vaninetti)
Fotos: G. Amberg (131); AWL: P. Adams (12/13, 50), K. Kozlowski (110/111), F. Vaninetti (24/25); DuMont Bildarchiv: Leue (8, 76), H. Leue (Klappe hinten, 102/103); Getty Images/hemis.fr: F. Guiziou (117); R. Hackenberg (86); huber-images: Gräfenhain (6/7, 14/15), G. Gräfenhain (38/39, 138/139); Laif: G. Knoll (32/33); Laif/Hemis: J. Frumm (66); Laif/robertharding: H.-P. Merten (19); S. Lier (143); Look: H. Leue (85); mauritius images (11, Coll (83), G. Gräfenhain (47, 92), S. Hefele (78/79); mauritius images/Alamy (43, 69), W. Jarek (140/141), PETER SPELLERBERG - FOTOGRAFIE (23), M. Prusaczyk (31), E. Sergeev (108/109); mauritius images/Alamy/Celos (98/99); mauritius images/Alamy/Hackenberg-Photo-Cologne (Klappe aussen, Klappe innen, 1); mauritius images/Alamy/Karol Kozlowski Premium RF (107); mauritius images/Alamy/Mikel Bilbao Gorostiaga- Travels (58/59); mauritius images/Alamy/Panther Media GmbH (88/89, 119); mauritius images/Alamy/Travelpix (20); mauritius images/Alamy/Zoonar GmbH (44, 49); mauritius images/imagebroker: K. Kreder (123); mauritius images/Westend61: J. Stock (10); Schapowalow: L. Debelkova/ (2/3), G. Gräfenhain (53) L. Grandadam (28), S. Wasek (72/73); T. Stankiewicz (9, 27, 30/31, 35, 113); H. Wagner (114/115, 128/129); T. P. Widmann (100); E. Wrba (26/27, 54, 63, 65, 70, 80, 95, 96, 126)

17., aktualisierte Auflage 2023

Autorinnen: Rita Henss, Sara Lier; Redaktion: Oliver Fülling; Bildredaktion: Barbara Mehrl
Kartografie: © MAIRDUMONT, Ostfildern (S. 36–37, 116, 120, 127, Umschlag außen, Faltkarte); Kompass Karten GmbH, A-Innsbruck © MAIRDUMONT, Ostfildern (S. 125); © MAIRDUMONT, Ostfildern, unter Verwendung von Kartendaten von OpenStreetMap, Lizenz CC-BY-SA 2.0 (S. 40–41, 57, 60–61, 74–75, 90–91, 104–105)
Als touristischer Verlag stellen wir bei den Karten nur den De-facto-Stand dar. Dieser kann von der völkerrechtlichen Lage abweichen und ist völlig wertungsfrei.
Gestaltung Cover, Umschlag und Faltkartencover: bilekjäger_Kreativagentur mit Zukunftswerkstatt, Stuttgart
Gestaltung Innenlayout: Langenstein Communication GmbH, Ludwigsburg
Spickzettel: in Zusammenarbeit mit PONS Langenscheidt GmbH, Stuttgart
Texte hintere Umschlagklappe: Lucia Rojas
Konzept Coverlines: Jutta Metzler, bessere-texte.de

Printed in China

FSC www.fsc.org MIX Papier aus verantwortungsvollen Quellen FSC® C124385

MARCO POLO AUTORIN
SARA LIER
Die in Portugal lebende Studienreiseleiterin liebt es, mit ihren Gästen die Levada entlang, die Berge hinauf oder durch die Parks zu wandern. Bei jedem Wetter. Sie kann gar nicht genug kriegen von den üppigen Lorbeerwäldern, den schroffen Gipfeln und den prächtigen Blumenbeeten. Und dann das Meer ... so oft es geht, hüpft sie in einen Lavapool. Und zum Wieder-warm-Werden gibt's natürlich eine *poncha!*

BLOSS NICHT!

FETTNÄPFCHEN UND REINFÄLLE VERMEIDEN

STÖCKELSCHUHE EINPACKEN

Madeira ist kein Pflaster für High Heels. Steile Anstiege und Kopfsteinpflaster machen selbst in Funchal den Bummel zum sportlichen Akt, erst recht die Wanderwege. Gib Sneakers und Wanderschuhen den Vorzug.

„GRACIAS" SAGEN

Auch wenn du dich über deine Spanischkenntnisse freust und man dich vermutlich versteht – versuch, einige Wörter Portugiesisch zu lernen! Ein brüchiges „Obrigada" kommt besser an als ein stolzes „Gracias".

OBEN OHNE

Wie alle Südländer legen die Madeirer großen Wert auf korrekte Kleidung. Nackte Männeroberkörper sind außer am Strand ein Tabu, ebenso knappe Freizeitkleidung bei Frauen. Unbedeckte weibliche Brüste werden allenfalls noch am Hotelpool akzeptiert; in öffentlichen Badeanstalten und am Strand erregen sie jedoch heftigen Anstoß.

IN LUFTLINIEN DENKEN

In Kilometern gemessen weist Madeira keine großen Entfernungen auf. Doch ständig musst du Schluchten und Berge überwinden – trotz Tunnelstrecken kommst du vielerorts auf schmalen, steilen, kurvigen Sträßchen zum Ziel.

DRINGENDE TERMINE NACH DEM URLAUB HABEN

Es kann passieren, dass kein Flieger geht. Die komplizierten Seitenwinde machen das Landen auf dem Flughafen manchmal unmöglich. Dann wird der Urlaub – auf Kosten der Fluggesellschaft – evtl. noch für einen Tag verlängert.